essentials

Essentials liefern aktuelles Wissen in konzentrierter Form. Die Essenz dessen, worauf es als „State-of-the-Art" in der gegenwärtigen Fachdiskussion oder in der Praxis ankommt. Essentials informieren schnell, unkompliziert und verständlich

– als Einführung in ein aktuelles Thema aus Ihrem Fachgebiet
– als Einstieg in ein für Sie noch unbekanntes Themenfeld
– als Einblick, um zum Thema mitreden zu können.

Die Bücher in elektronischer und gedruckter Form bringen das Expertenwissen von Springer-Fachautoren kompakt zur Darstellung. Sie sind besonders für die Nutzung als eBook auf Tablet-PCs, eBook-Readern und Smartphones geeignet.

Essentials: Wissensbausteine aus Wirtschaft und Gesellschaft, Medizin, Psychologie und Gesundheitsberufen, Technik und Naturwissenschaften. Von renommierten Autoren der Verlagsmarken Springer Gabler, Springer VS, Springer Medizin, Springer Spektrum, Springer Vieweg und Springer Psychologie.

Stefan Huch

Der einheitliche EU-Zahlungsverkehr

Inhalte und Auswirkungen
von PSD I, PSD II und SEPA

Dr. Stefan Huch
Universität Leipzig
Leipzig
Deutschland

ISSN 2197-6708 ISSN 2197-6716 (electronic)
ISBN 978-3-658-06201-9 ISBN 978-3-658-06202-6 (eBook)
DOI 10.1007/978-3-658-06202-6

Die Deutsche Nationalbibliothek verzeichnet diese Publikation in der Deutschen Natio-
nalbibliografie; detaillierte bibliografische Daten sind im Internet über http://dnb.d-nb.de
abrufbar.

Springer Gabler
© Springer Fachmedien Wiesbaden 2014

Gedruckt auf säurefreiem und chlorfrei gebleichtem Papier

Springer Gabler ist eine Marke von Springer DE. Springer DE ist Teil der Fachverlagsgruppe
Springer Science+Business Media
www.springer-gabler.de

Vorwort

Für Claudi

Das Essential entstand während meiner Tätigkeit bei Capgemini Consulting, unterstützt durch den Bereich Finance Transformation, sowie im Rahmen meiner Lehrtätigkeit am Lehrstuhl Bankwesen der Universität Leipzig. Die in diesem Essential dargestellten Inhalte zu PSD und SEPA entstammen meiner Dissertation „Die Transformation des europäischen Kartengeschäfts: Auswirkungen der Liberalisierung und Harmonisierung des EU-Zahlungsverkehrs", die im Februar 2013 von der Wirtschaftswissenschaftlichen Fakultät der Universität Leipzig angenommen und im selben Jahr vom Verlag Springer Gabler veröffentlicht worden ist.

Ziel der vorliegenden Arbeit ist es, einen kurzen Einblick in die regulatorischen Rahmenbedingungen sowie die Organe von PSD und SEPA zu geben, basierend auf dem Bestreben der EU, den europäischen Wirtschaftsraum zu harmonisieren, was sich insbesondere auf den „Cash" und „Non-Cash" Zahlungsverkehr auswirkt. Diese Erläuterung der Hintergründe der Transformation des europäischen Zahlungsverkehrs ist deshalb so wichtig, da mit der angestrebten Harmonisierung des Euro-Zahlungsverkehrs eine Neuordnung des Marktes einhergeht, u. a. durch den Wegfall bisheriger Markteintrittsbarrieren. Dieser Umstand wird grundlegend durch die europäischen Zahlungsverkehrsrichtlinien PSD und SEPA indiziert. Interessant ist dabei, dass vor allem die Legislative der Europäischen Union mit diesen beiden Richtlinien den europäischen Markt für den „Non-Cash" Zahlungsverkehr nicht nur liberalisiert, sondern revolutioniert. Denn weder das Vertrauen der Verbraucher, ausschließlich Zahlungsverkehrsprodukte von Banken zu beziehen, noch die nationale Gesetzgebung oder die Dezentralisierung des Marktes sind weiterhin beständig, was insbesondere die Monopolstellung der Banken im Zahlungsverkehr gravierend beeinträchtigt.

Für dieses Springer Essential ist der Beitrag „Der einheitliche EU-Zahlungsverkehr auf Basis von PSD & SEPA" ausgewählt worden, da insbesondere durch die Verlängerung der SEPA-Einführungsfrist vom 1. Februar 2014 auf den 1. August 2014 die Aktualität der Thematik weiterhin an Bedeutung gewonnen hat. Der Beitrag wurde überarbeitet und aktualisiert.

Leipzig, im April 2014   Stefan Huch

Inhaltsverzeichnis

Abkürzungsverzeichnis

AEU	Arbeitsweise der Europäischen Union
BIC	Business Identifier Code
BIZ	Bank für Internationalen Zahlungsausgleich
C&S	Clearing und Settlement
CSM	Clearing Settlement Mechanism
CT	Credit Transfer (Überweisung)
D	Day/Tag der Annahme bzw. Abgabe einer Zahlung
DD	Direct Debit (Lastschrift)
DG	Directorates General
DTA	siehe DTAUS
DTAUS	Datenträgeraustausch-Verfahren
EACHA	European Automated Clearing House Association
EAPS	Euro Alliance of Payment Schemes
EBA	European Banking Authority
EBF	European Banking Federation
EC	European Comission
ECB	European Central Bank
EC DG	European Comission Directorate General
ECOFIN	Europäische Rat für Wirtschaft und Finanzen
EIOPA	European Insurance and Occupational Pensions Authority
ELV	Elektronisches Lastschriftverfahren
EP	Europäisches Parlament
EPC	European Payment Council
EPSM	European Association of Payment Service Providers for Merchants
ESMA	European Securities and Markets Authority
EU	Europäische Union
EWGV	Vertrag über die Europäische Wirtschaftsgemeinschaft

EWR	Europäische Wirtschaftsraum
EZB	Europäische Zentralbank
GD	Generaldirektion
IBAN	International Bank Account Number
IFID	Märkte für Finanzinstrumente
ISO	International Organization for Standardization
LS	Lastschrift
MIF	Multilateral Interchange Fee
MIFID	Markets in Financial Instruments Directive
MSO	Member State Options
NLF	New Legal Framework
NSP	Network Service Provider (Netzbetreiber)
OECD	Organisation for Economic Co-operation and Development
PCI DSS	Payment Card Industry Data Security Standard
PI	Payment Institution
POS	Point of Sale
PSD	Payment Service Directive
PSP	Payment Service Provider
PSU	Payment Service User (Zahlungsdienstnutzer)
SCC	SEPA Card Clearing Framework
SCF	SEPA Card Framework
SCSV	SEPA Cards Standardisation Volume
SCT	SEPA Credit Transfer
SDD	SEPA Direct Debit
SEPA	Single Euro Payments Area
STP	Straight Through Processing
SWIFT	Society for Worldwide Interbank Financial Telecommunication
TF	Transaction Fee
TPP	Third Party Provider (Zahlungsdienstleister)
ÜB	Überweisung
VW	Volkswirtschaft
WS	Wertschöpfungskette
WS AZV	Wertschöpfungskette Allgemeiner Zahlungsverkehr
X-border	Cross Boarder
XML	Extensible Markup Language
ZKA	Zentraler Kreditausschuss
ZV	Zahlungsverkehr

Anlageverzeichnis

Einleitung 1

Die Transformation, die Liberalisierung und die Harmonisierung des europäischen Zahlungsverkehrs bezeichnet aus Sicht der Europäischen Kommission eine wirtschaftspolitische Reaktion auf die Marktunvollkommenheiten in der Euro-Zone. Zu deren Auslösern zählt die Europäische Kommission die Entstehung natürlicher Monopole, z.b. das Vorliegen subadditiver Kostenfunktionen, externer Effekte oder asymmetrischer Informationsverteilungen. Demnach impliziert die Notwendigkeit zur Transformation eines Markts das Vorhandensein eines nicht liberalen bzw. heterogenen Marktzustands, der bspw. durch den Mangel eines funktionsfähigen Wettbewerbs, eines gleichgewichtsbildenden Preisniveaus oder eine fehlende Markttransparenz geprägt ist. Die Existenz eines funktionsfähigen Wettbewerbs ist jedoch das systembegründende Prinzip der Marktwirtschaft, um in einem Markt Lenkungs-, Informations- und Ausgleichsfunktionen sowie die ökonomische Allokation knapper Ressourcen zu übernehmen. Der Tatbestand eines liberalisierten oder harmonisierten Zahlungsverkehrs in der Euro-Zone ist allerdings aus Sicht der Regulatoren innerhalb Europas nicht gegeben.

Die Notwendigkeit einer Harmonisierung des „Non-Cash" Zahlungsverkehrs, der sehr stark heterogenen Euro-Märkte, wird allerdings bereits seit Einführung des Euros gefordert. Die Ineffizienzen im grenzüberschreitenden „Non-Cash" Zahlungsverkehr insb. der Produkte: Lastschrift, Überweisung und Kartenzahlungen, widersprechen gleichermaßen dem europäischen Gedanken, wie die des ehemaligen heterogenen „Cash" Zahlungsverkehrs. Das Ziel der EU ist es die Marktunvollkommenheiten in der Euro-Zone abzubauen, Kosten zu senken und die Effektivität des Euro-Zahlungsverkehrs zu erhöhen. Da diese Ziele aus Sicht der Europäischen Kommission von den Marktteilnehmern seit der „Lissabon Agenda" allerdings nicht eigenständig erreicht worden sind, trat mit der Frist einer

S. Huch, *Der einheitliche EU-Zahlungsverkehr*, essentials,
DOI 10.1007/978-3-658-06202-6_1, © Springer Fachmedien Wiesbaden 2014

vollständigen Einführung der SEPA zum 01.08.2014 für alle Marktteilnehmer eine Beschleunigung der Umsetzung der Ziele der EU in Kraft. Was nach Ansicht der europäischen Regulatoren erfolgreich im „Cash" Zahlungsverkehr erfolgt ist, wird nun auch im „Non-Cash" umgesetzt. Denn die SEPA, unter Berücksichtigung des regulatorischen Rahmenwerkes der PSD, gilt als die Vollendung der europäischen Währungsunion im volkswirtschaftlichen Sinne. Im Ergebnis führt somit SEPA dazu, dass u.a. Bankkunden ihren Zahlungsverkehr grenzüberschreitend genauso effizient und sicher abwickeln können wie nationale Zahlungen. Demnach soll es keine Unterscheidung zwischen Inlands- und Auslandszahlungsverkehr aus Sicht der Instrumente und Preise geben.

Diese Bestrebungen der Europäischen Union zur Harmonisierung des europäischen Zahlungsverkehrs haben jedoch zur Folge, dass sich die Marktstrukturierung im Zahlungsverkehr aktuell im Umbruch befindet. Diese Entwicklung gefährdet wiederum einzelne Marktstellungen, wie die Monopolstellungen der Banken und Kreditinstitute in einzelnen Bereichen des Zahlungsverkehrs, z.B. dem Issuing. Grund dafür ist der erzwungene Wandel durch die Marktregularien der Europäischen Union. Dies wiederum birgt Nachteile, bietet allerdings auch neuen Wirtschaftssubjekten die Möglichkeit, das Geschäftsfeld für sich zu entdecken und mit Hilfe der Standardisierung von Prozessen und vereinfachten gesetzlichen Vorgaben in den Markt für Zahlungsverkehr vorzudringen.

Die Regulation des EU-Zahlungsverkehrs 2

Als Begründung für das Vorantreiben des aktuellen Transformationsprozesses im Zahlungsverkehr unter dem Deckmantel der Liberalisierung des EU-Binnenmarkts bezieht sich die Europäische Kommission oftmals auf die in der Literatur hervorgehobenen Einsparpotentiale von bis zu 2 % des Bruttoinlandsprodukts der Europäischen Union durch die effizientere Gestaltung des Zahlungsverkehrs, z. B. durch das STP.[1] Diese Höhe des Einsparpotentials fundiert vor allem auf belgischen, niederländischen und skandinavischen Untersuchungen.[2] Per se ist das zwar eine akzeptable Begründung zur Schaffung einer SEPA, dennoch lassen sich die Ergebnisse der Studien, die allerdings primär den Wechsel von papierbasierten zu elektronischen Zahlungsmitteln bzw. den Wechsel von Cash zu Zahlungskarten untersuchen, nicht einfach wissenschaftlich isolieren und quantifizieren, um eine allgemeingültige Aussage für die Entwicklung des europäischen Zahlungsverkehrs abzuleiten. Zusätzlich gilt es zu bedenken, dass Kosteneinsparungen auf der einen Seite sicherlich positive Effekte haben, jedoch auf der anderen Seite wiederum auch negative Auswirkungen beinhalten können, z. B. auf Bereitsteller der bisher eingesetzten Technologien. Weiterhin sollten die Angaben der Regulatoren durchaus kritisch in Bezug auf die getroffenen Prämissen betrachtet werden, insbesondere über die derzeit vorherrschenden Infrastrukturen und die Bereitschaft der Marktteilnehmer, nationale Systeme abzuschalten. Allein die Ergebnisse möglicher Einsparpotentiale in den Studien sind demnach noch kein Argument, um eine Neugestaltung des europäischen Zahlungsverkehrs zu rechtfertigen oder daraus Zielgrößen abzuleiten.[3]

---

[1] Vgl. Capgemini (2007, S. 1); European Commission 28/01/2008b; European Commission 28/01/2008a; Schmiedel (2007, S. 18); Mai und Meyer (2010, S. 4).

[2] Vgl. European Commission (2005, S. 5); Humphrey (2003, S. 161 ff.); Brits (2005, S. 18); Bergman (2007, S. 2 f.); Guibourg und Segendorf (2004); Norges Bank (2010, S. 8).

[3] Vgl. Abele et al. (2007, S. 11 f.).

S. Huch, *Der einheitliche EU-Zahlungsverkehr*, essentials,
DOI 10.1007/978-3-658-06202-6_2, © Springer Fachmedien Wiesbaden 2014

Unbestreitbar sind hingegen die zunehmende Bedeutung alternativer Zahlungsinstrumente wie E-Payments und M-Payments und der Anstieg grenzüberschreitender Zahlungen in der EU.[4] Dieser Wandel in der Nutzungshäufigkeit der Zahlungsinstrumente und die Tatsache, dass im grenzüberschreitenden Zahlungsverkehr erhebliche Mängel in der Abwicklung von Transaktionen vorliegen, begründet wiederum aus Sicht der Experten die Forderung von Effizienzsteigerungen im Zahlungsverkehr auf EU-Ebene und somit das Vorantreiben der Transformation mittels PSD und SEPA.[5] Aus Sicht der Kommission sind Zahlungen „das Öl auf die Zahnräder des Binnenmarkts"[6], und die Vollendung der Liberalisierung des Binnenmarkts kann aus Sicht der Regulatoren nur durch eine Transformation der EU-Zahlungsverkehrsmärkte herbeigeführt werden. Die regulatorische Priorisierung steht somit fest, sobald durch PSD und SEPA das entsprechende Level Playing Field[7] innerhalb von Europa erfolgreich implementiert ist, können sich die „Zahnräder des Binnenmarkts" gleichmäßig und sicher drehen.[8]

Zielsetzung dieses Kapitels ist es, einen Auszug aus der Historie und wesentlichen Ziele der regulatorischen Rahmenbedingungen des europäischen Zahlungsverkehrsmarkts aufzuzeigen und einen detaillierten Einblick in die Grundzüge von PSD und SEPA zu gewähren. Weiterhin werden die für die Umsetzung von PSD und SEPA in den europäischen Zahlungsverkehr relevanten Organe abgebildet und verdeutlicht, welches Organ wann und wie in den Zahlungsverkehrsmarkt auf Grundlage von PSD und SEPA eingegriffen und diesen somit nachhaltig geprägt hat. Letztlich dient die Erläuterung der wesentlichen PSD- und SEPA-relevanten Marktgegebenheiten dem notwendigen Verständnis der gewonnenen Erkenntnisse im Rahmen dieser Arbeit.

---

[4] Vgl. European Central Bank (2010c, S. 14 ff.); Capgemini et al. (2011, S. 17).

[5] Vgl. Humphrey (2006, S. 1650); Abele et al. (2007, S. 12); Mai (21. April 2009, S. 1 ff.). Die EU-Regulatoren sehen es zudem als erwiesen, dass ohne regulatorische Eingriffe, keine Liberalisierung bzw. Harmonisierung der Zahlungsverkehrsmärkte marktseitig erzielt wird, was beispielhaft die Notwendigkeit der SEPA End-Dates symbolisiert. Siehe Fußnote 31.

[6] European Commission 21/03/2012.

[7] Das Level Playing Field steht für die Schaffung gleicher Voraussetzungen für alle Marktteilnehmer.

[8] Vgl. Bollen (2007, S. 167).

2.1 Regulatorische Rahmenbedingungen des EU-Zahlungsverkehrs

Die durch die Regulatoren angestrebte Liberalisierung und Harmonisierung des europäischen Zahlungsverkehrs ist der nächste sinnvolle Schritt in der progressiv historischen Entwicklung zur Vereinheitlichung Europas. Ein wichtiger Grundstein für die tiefgründige Transformation im Zahlungsverkehr ist bereits in den späten 1990er Jahren gelegt worden, als europaweit alle Systeme und Back-Office-Anwendungen für die europäische Einheitswährung „Euro" umgestellt werden mussten. Seitdem sind neben dem Cash- nun auch die Non-Cash-Instrumente Gegenstand des EU-Transformationsprozesses.[9]

Allerdings lassen sich die ersten Schritte der Regulatoren in Richtung eines einheitlichen EU-Binnenmarkts im Zahlungsverkehr weit über die Einführung des Euro hinaus bis zum Jahr 1973 zurückführen.[10] Damals hat die EU zunächst als Ziel gehabt, mehr Sicherheit für grenzüberschreitende Transaktionen zu gewährleisten, ohne dabei in die Struktur der Finanzmärkte zu intervenieren. Dem Grundsatz folgend, ist von der Europäischen Kommission in den 1980er und 1990er Jahren daher eine Reihe von ersten nichtbindenden Empfehlungen an den Markt veröffentlicht worden,[11] denen auf die Mitte der 1990er dann erste rechtliche Vorgaben für einzelne Marktteilnehmer gefolgt sind.[12] Über die Jahre hinweg sind schließlich die Anforderungen an den Markt verschärft worden. Mit Einführung des Euro ist der „Single Money Market", der als notwendige Voraussetzung den Abbau von technischen und rechtlichen Barrieren gehabt und somit weitgreifende Einschnitte in den Markt implizierte hat, gekommen.[13] Mit der Lissabon-Agenda ist dann die erste Initiative zur Transformation des ganzheitlichen EU-Zahlungsverkehrs am Markt positioniert worden. Basierend darauf sind mit Hilfe des regulatorischen Rahmenwerke PSD in 2007 und der Marktinitiative SEPA in 2008, die aktuell die

---

[9] Vgl. Rambure und Nacamuli (2008, S.77).

[10] Vgl. Kokkola (2010, S. 231).

[11] Beispielhaft: Commission Recommendation 88/590/EEC in Bezug auf Zahlungssysteme, Commission Recommendation 87/598/EEC für einen europäischen Übertragungscode; Commission Recommendation 97/489/EC in Bezug auf den elektronischen Transfer von Zahlungen.

[12] Beispielhaft: Directive 97/5/EC für grenzüberschreitende Zahlungen, Directive 98/26/EC für Settlement.

[13] Beispielhaft: Regulation (EC) No 924/2009 für grenzüberschreitende Zahlungen in der Gemeinschaft, die dann durch die Regulation (EC) No 2560/2001 und Regulation (EC) No 1781/2006 aufgehoben worden ist.

Hauptrichtlinien der Non-Cash-Transformation des EU-Zahlungsverkehrs darstellen, erste Schritte zur Schaffung eines EU-Binnenmarkts für Zahlungsdienste
gefolgt.[14] Dabei gelten die freiwillige Vereinbarung der Kreditwirtschaft (SEPA)[15]
und die Schaffung der damit verbundenen notwendigen rechtlichen Rahmenbedingungen (PSD) als eine politische Bewegung der Europäischen Kommission und
der Europäischen Zentralbank im Rahmen der Lissabon-Agenda.[16]

Die dringende Notwendigkeit einer Regulierung des Non-Cash-Zahlungs-
verkehrs besteht aus Sicht der Regulatoren allerdings vermehrt seit Inkrafttreten
des Euro. Denn die vorherrschenden Ineffizienzen[17] im grenzüberschreitenden
Non-Cash-Zahlungsverkehr widersprechen gleichermaßen dem europäischen Gedanken wie die ehemaligen nationalen Cash-Währungen. Da die Zielsetzung des
einheitlichen EU-Binnenmarkts im Zahlungsverkehr aus Sicht der Regulatoren
allerdings von den derzeitigen Marktteilnehmern seit der Lissabon-Agenda und
trotz PSD und SEPA noch nicht eigenständig erreicht worden ist, sind weitere
Regelwerke wie die der SEPA-End-Dates in 2012 gefolgt.[18]

Neben PSD und SEPA wird in der Literatur von (Skinner 2008), (Kokkola 2010)
oder (Wandhöfer 2010) auch auf die Beeinflussung des europäischen Zahlungsverkehrs durch weitere Richtlinien hingewiesen. So gilt neben der PSD bspw. auch
die EU-Preisverordnung 2560/2001[19] als richtungsweisend für den Zahlungsverkehr, denn die Verordnung regelt im Wesentlichen die Entgeltgleichheit zwischen
grenzüberschreitenden und inländischen Zahlungen innerhalb der EU und der
EWR-Staaten.[20] Zudem lässt sich eine Reihe weiterer Richtlinien anführen wie die
E-Money Directive,[21] die Settlement Finality Directive,[22] die Richtlinie 2004/39/EG

---

[14] Vgl. Directive 2007/64/EC für Dienstleistungen im Zahlungsverkehr. Vgl. Huch (2013)
Kap. 4.

[15] Die These, dass SEPA einen Selbstregulierungsprozess darstellt, ist umstritten. Je nach
Sichtweise des Betrachters wird SEPA als market-driven oder auch policy-driven bzw.
als Selbstregulierung oder als Ergebnis des Regulierungsdrucks des Eurosystems und der
Europäischen Kommission betrachtet.

[16] Vgl. Chaplin (2009, S. 18).

[17] Problemstellung ist, dass grenzüberschreitende Zahlungen nicht wie nationale Zahlungen
behandelt werden.

[18] Vgl. Huch (2013) Kap. 4.1.4.

[19] Vgl. Europäisches Parlament; Rat der Europäischen Union 9/10/2009.

[20] Vgl. VÖB (2010, S. 7).

[21] Vgl. Directive 2000/46/EC.

[22] Vgl. Directive 2009/44/EC, insb. im Zusammenhang mit dem EU Zahlungsverkehrssystem
TARGET.

über Märkte für Finanzinstrumente (IFID)[23], Basel III[24] sowie die neuen Rahmenbedingungen zur Anti-Money Laundering[25] und Anti-Terrorist Financing[26], die, wenn auch nicht so einschlägig wie PSD und SEPA, die Transformation des Zahlungsverkehrs in Europa beeinflussen.[27]

Der Zeitplan zur Schaffung einer SEPA basiert vor allem auf den Vorgaben der europäischen Regulatoren sowie erster Strategien einzelner Banken zur Realisierung und Integration eines einheitlichen Zahlungsverkehrsmarkts. Einen ersten Ansatz, in dem konkret erforderliche Maßnahmen beschrieben worden sind, stellt in diesem Zusammenhang die Vorlage des Entwurfsdokuments „Issued to be addressed in a blueprint for a Single Euro Payments Area" durch die European Banking Federation (EBF) im Jahr 2001 dar. Im Mai 2002 ist daraufhin die Veröffentlichung des von 42 Banken der EU verfassten White Papers „Euroland: Our Single Payment Area!" erfolgt. Im Juni desselben Jahres ist die Gründung des European Payment Council (EPC) mit der Maßgabe zur Umsetzung des einheitlichen Euro-Zahlungsverkehrsraums bekannt gegeben worden. Ein erster wichtiger Schritt zur Angleichung der Märkte ist durch das EPC dann mit der Verordnung (EG) Nr. 2560/2001 im Juli 2002 unternommen worden. Daraufhin hat das EPC die Erstfassung der PSD im Jahr 2005 veröffentlicht und die SEPA-Instrumente ab 2008 eingeführt.[28]

In der Literatur gibt es durchaus verschiedene Darstellungen des SEPA Zeitplans mit unterschiedlichen Startzeitpunkten und Ausprägungen. So beginnt bspw. der

---

[23] Die IFID umfasst die Bedingungen für den EU-Wertpapierhandel mit der Forderung nach mehr Transparenz.

[24] Basel III bezeichnet ein Reformpaket des Basler Ausschusses der BIZ für die bereits bestehenden Bankenregulierungen wie die Bankenrichtlinie 2006/48/EG und die Kapitaladäquanzrichtlinie 2006/49/EG (Basel II). Ziel von BASEL III ist eine künftige harte Kernkapitalquote von 7 % (hartes Kernkapital der Mindesteigenkapitalanforderungen 4,5 % plus hartes Kernkapital des Kapitalerhaltungspuffers von 2,5 %). Hinzu kommt eine Quote für weiches Kernkapital in Höhe von 1,5 % und Ergänzungskapital in Höhe von 2 %, so dass sich im Ergebnis die Eigenkapitalanforderungen auf 10,5 % addieren. Mit Basel III wird der regulatorische Fokus stärker auf die Liquidität und somit stringentere Maßnahmen im Zahlungsverkehr gelegt, was die Frage nach einer strategischen Neupositionierung einiger Banken in Bezug auf ihre Teilnahme am Zahlungs- und Transaktionsbankgeschäft aufwirft.

[25] AML haben auch potentielle Auswirkungen auf die Bearbeitungszeit und Kosten von Transaktionen. Vgl. EU-Richtlinie 2005/60/EC.

[26] Die ATF haben auch potentielle Auswirkungen auf die Bearbeitungszeit und Kosten von Transaktionen.

[27] Vgl. Skinner (2008, S. XXIII); Capgemini et al. (2011, S. 32).

[28] Vgl. Kern (2002, S. 9 ff.); European Central Bank (2010b, S. 13); European Payment Council (2002).

Zeitplan des EPC aus den Jahren 2005 und 2010 erst im Jahr 2004 und beinhaltet eine Unterteilung des SEPA-Projekts in verschiedene Phasen. Die ECB hingegen zieht es vor, lediglich die aktuelle Situation oder einen gewissen Schwerpunkt in Form eines zeitlichen Workflows, basierend auf dem Zeitpunkt von Veröffentlichungen oder dem Inkrafttreten der SEPA-Regularien und –Instrumente, abzubilden. Trotz dieser unterschiedlichen Betrachtungsweise sind die einzelnen Unterschiede in den zeitlichen Abfolgen nur auf verschiedene Arten von Abbildungen zurückzuführen, ohne eine Diskrepanz in der Historie von SEPA darzustellen.[29]

Basierend auf dem Zeitplan des EPC zur Umsetzung der regulatorischen Vorgaben, werden ergänzend die drei vom EPC definierten SEPA-Hauptphasen dargestellt.[30]

Der in Abb. 2.1 illustrierte SEPA-Zeitplan setzt sich aus drei verschiedenen Phasen zusammen: der Konzeptionsphase, der Umsetzungsphase und der Migrationsphase. In der ersten Phase, der Konzeptionsphase von 2004 bis 2006, sind vor allem die Ausgestaltung der SCT und SDD Verfahren sowie die Erstellung und Finalisierung der Rahmenwerke für die Abwicklung von Kartenzahlungen (SCF) und C&S-Infrastrukturen vorgenommen worden. Zudem sind erste notwendige SCT und SDD Standards entwickelt und die Sicherheitsanforderungen spezifiziert worden. In den anschließenden Jahren 2006 bis 2007 ist die zweite Phase, die sogenannte Umsetzungsphase, gefolgt. In dieser Phase hat die Vorbereitung der Erreichung der Marktfähigkeit der neuen SEPA-Instrumente, -Standards und –Infrastrukturen im Vordergrund gestanden. Die dritte und letzte Phase, die Migrationsphase, die ab 2007 gefolgt ist, hat die Umstellung des Zahlungsverkehrs auf die neuen SEPA Standards, wobei nationale Verfahren vorerst nebenher bestehen bleiben konnten, beinhaltet.[31] Ziel der Phase ist es, bis 2014 eine kritische Masse an SEPA-Transaktionen zu generieren und bis 2016 die Abschaltung aller nationalen Systeme zu erreichen. Nach erfolgreicher Umsetzung der Migrationsphase werden somit die Dienstleistungen zum Versenden und Empfangen von Euro-Zahlungen, die auf

---

[29] Vgl. European Central Bank (2010c, S. 49 ff.); http://www.europeanpaymentscouncil. eu/content.cfm?page = sepa_vision_and_goals; http://www.EZB.int/paym/sepa/about/html/ index.en.html.

[30] Vgl. European Central Bank (2010b, S. 14); European Payment Council (2005); http://www.europeanpaymentscouncil.eu/content.cfm?page = sepa_vision_and_goals.

[31] Vgl. Europäisches Parlament; Rat der Europäischen Union 30/03/2012; European Commission (2010b); Europäisches Parlament; Rat der Europäischen Union 9/10/2009; GD Binnenmarkt und Dienstleistungen 16/12/2011; Europäisches Parlament; Rat der Europäischen Union 14/03/2012; Braatz und Brinker (2012e).

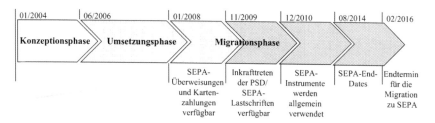

Abb. 2.1 SEPA Zeitplan des EPC. (Quelle: In Anlehnung an (European Central Bank 2010b, S. 14))

den derzeitigen nationalen Überweisungs- und Lastschriftverfahren beruhen, dem Kunden dann nicht mehr zur Verfügung stehen.[32]

Mit der Zielsetzung der einzelnen Phasen wird außerdem deutlich, dass ein Mini-SEPA (d. h. SEPA nur für grenzüberschreitende Zahlungen), wie es oftmals von Experten und im Rahmen der Finanzkrise[33] angedeutet worden ist, aus Sicht der Regulatoren nicht akzeptabel ist.[34]

2.1.1 Die Payment Service Directive – PSD I und PSD II

Grundvoraussetzung für die Realisierung von SEPA-Zahlungen ist die Schaffung eines Rechtsrahmens, der für alle Mitgliedstaaten einheitlich und verbindlich ist.[35] Denn nur mit Hilfe eines einheitlichen europäischen Rechtsrahmens ist es möglich, einheitliche europäische Zahlungsverkehrsinstrumente am Markt zu integrieren. Da bisher jedoch ein solcher Rechtsrahmen nicht existent gewesen ist, musste zuvor ein konsistentes Rechtskonstrukt für den europäischen Zahlungsverkehr generiert werden. Dies hat mit dem sogenannten New Legal Framework (NLF)[36] begonnen und ist mit Inkrafttreten der Richtlinie 2007/64/EG des Europäischen Parlaments

---

[32] Vgl. European Central Bank (2010b, S. 14).

[33] Weltweite Bankkrise, die im Frühjahr 2007 mit der US-Immobilienkrise (auch Subprime-krise) begann.

[34] Vgl. European Central Bank (2009b, S. 4).

[35] Vgl. Chaplin (2009, S. 18); Mai (2005, S. 7).

[36] Seit dem Jahr 2000 hat das Europäische Parlament unter dem Kürzel "New Legal Framework" an der Zahlungsdiensterichtlinie gearbeitet. Mehrere öffentliche Konsultationen sind durchgeführt und Zwischenberichte erstellt worden. Diese mehrjährigen Vorarbeiten sind 2005 abgeschlossen und im Rahmen der PSD fortgeführt worden. Ziel des NLF ist die Erar-

und des Rates über Zahlungsdienste im Binnenmarkt (die sogenannte Payment Service Directive – PSD I)[37] und dem Vorschlag der Richtlinie 2013/0624[38] sowie deren Berücksichtigung in den nationalen Gesetzgebungen final umgesetzt worden.[39]

Die Payment Service Directive – PSD I Die Kernelemente der PSD gliedern sich in vier Titel auf,[40] die stets dem Grundsatz folgen: „The PSD is not a ‚SEPA Directive'. Rather, the very broad and ambitious scope of the PSD makes it the most significant and comprehensive piece of EU financial services legislation in relation to the payments market ever seen."[41]

Der Geltungsbereich der PSD ist an den Anbietern von Zahlungsdienstleistungen[42], die innerhalb der Europäischen Gemeinschaft ansässig sind und Zahlungen in Euro oder anderen Landeswährungen der Europäischen Union (EU) tätigen,

---

beitung eines Entwurfes für eine neue Richtlinie über Zahlungsdienste im Binnenmarkt zur Schaffung eines einheitlichen Rechtsrahmens für den künftigen Zahlungsverkehr gewesen.

[37] Die PSD basiert auf der Richtlinie 2007/64/EG des Europäischen Parlaments und des Rates vom 13. November 2007 über Zahlungsdienste im Binnenmarkt zur Änderung der Richtlinien 97/7/EG, 2002/65/EG, 2005/60/EG und 2006/48/EG sowie zur Aufhebung der Richtlinie 97/5/EG.

[38] Vgl. European Payment Council (2013b).

[39] Vgl. Europäisches Parlament; Rat der Europäischen Union 13/11/2007: Bowles (2008, S. 65 ff.); Kokkola (2010, S. 235). Ein erster Grundstein zur Schaffung der Richtline bereits im Dezember 2005 gelegt worden, als die EC ihren Vorschlag zur „Richtline über Zahlungsdienste im Binnenmarkt" präsentiert hat. Im April 2007 ist dann von der EC, dem EPC und der EZB ein gemeinsames Kommuniqué im Amtsblatt der EU veröffentlicht worden, in dem eine verbindliche Fassung der PSD vorgestellt und die Annahme der PSD durch das EP für November 2007 bekannt gegeben worden ist. Im November 2007 ist dann wie geplant die Verabschiedung der PSD durch das EP und den Rat über Zahlungsdienste mit der Maßgabe gefolgt, dass alle Mitgliedstaaten diese bis zum 01.11.2009 in nationales Recht überführt haben müssen.

[40] Im Titel I der PSD werden die Anwendungsbereiche und Definitionen beschrieben. Titel II beinhaltet die Regelungen für die Erbringung von Zahlungsdiensten sowie der neuen Lizenzform der Zahlungsinstitute. Titel III befasst sich mit der Förderung und Gewährleistung des Kundenschutzes durch mehr Transparenz. Titel IV regelt die Rechte und Pflichten bei der Erbringung und Nutzung von Zahlungsdiensten.

[41] European Payment Council (2009, S. 36).

[42] Gegenstand der PSD ist u. a. die Regelung der Zahlungsverkehrsdienstleister, um eine einheitliche Regelung für Europa zu implementieren. In diesem Rahmen unterscheidet die PSD zwischen verschiedenen Zahlungsdienstleistern: 1) Kreditinstitute, 2) Postscheckämter, die Zahlungsdienste erbringen; 3) E-Geld-Institute; 4) Zahlungsinstitute; 5) Das Eurosystem, wenn es nicht in seiner Eigenschaft als Währungsbehörde oder andere Behörden handelt; 6) Die Mitgliedstaaten und ihre Gebietskörperschaften, wenn sie nicht als Behörden handeln.

ausgerichtet.[43] In weiteren EWR-Staaten, z. B. Island, Liechtenstein und Norwegen, ist die Richtline in nationales Recht übernommen worden, lediglich für die Schweiz ist ein Staatsvertag[44] notwendig.[45]

Mit Blick auf die Anwendungsbereiche stellt die PSD die aufsichts- und zivilrechtlichen Regeln für die Schaffung eines EU-weiten Binnenmarkts für den Zahlungsverkehr dar. Dabei sieht die Richtlinie vor allem die Einführung moderner und umfassender Vorschriften vor, die für alle Zahlungsdienstleistungen in der EU gelten, wozu u. a. die folgenden zählen:

• Verbesserung der EU-Rechtssicherheit, durch eine einheitliche Regelung
• Regulierung der Zahlungsinstitute und Vereinfachung der Zulassungsbestimmungen
• Schaffung von mehr Transparenz bei Konditionen und Informationen für Kunden
• Gewährleistung einer zügigeren Zahlungsabwicklung (z. B. D + 1)
• Schaffung vergleichbarer Wettbewerbsbedingungen
• die Registrierung aller Zahlungsübermittler

Zugleich schafft die Richtlinie auch die nötige rechtliche Grundlage für den einheitlichen SEPA-Raum, auf dessen Basis die SEPA-Zahlungsinstrumente agieren.[46]

---

[43] Bar- und Scheckzahlungen fallen nicht unter die Richtlinie. Auch die Kreditvergabe durch Zahlungsinstitute bleibt unberührt, es sei denn, die Kredite stehen mit der Erbringung von Zahlungsdienstleistungen in engem Zusammenhang. Jedoch sind neben den Zahlungen innerhalb der EU auch Zahlungen in Euro in ein Nicht- Euro-Land, Zahlungen mit einem sogenannten „one-leg-out", inbegriffen. „One-leg-out" bedeutet, dass entweder der Zahlungsdienstleister des Zahlungspflichtigen oder der des Begünstigten seinen Sitz nicht innerhalb der EU hat. Bei einer derartigen Regelung muss jedoch eine Vielzahl von Problemen beachtet werden. Bspw. sind die EU-Rechtsvorschriften nur innerhalb der EU gültig. Außerhalb kann die EU ihre Gesetze nicht oder nur sehr schwer durchsetzen, was besonders schwierig für private Institute ist. Wenn bspw. eine EU-Bank im Auftrag eines europäischen Importeurs Geld an ein Nicht-Euro-Land überweist, kann die überweisende Bank die Empfängerbank nicht dazu verpflichten, bestimmte EU-Vorschriften, z. B. die Wertstellung oder Informationspflichten, einzuhalten. Mai (2005, S. 7).

[44] Ein Staatsvertag ist ein völkerrechtlicher Vertrag zwischen zwei oder mehreren Staaten, die keiner gemeinsamen Organisation angehören und bilateral/multilateral ein Abkommen miteinander abschließen.

[45] Vgl. VÖB (2008, S. 14).

[46] Vgl. Skinner (2008, S. XXIII) Europäisches Parlament; Rat der Europäischen Union 13/11/2007; http://ec.europa.eu/internal_market/payments/framework/index_de.htm.

Ein weiteres Wesensmerkmal der PSD steht für die europaweite Erbringung von Zahlungsdiensten durch Nicht-Banken, wodurch die PSD gleichsam als Türöffner für neue Dienstleister fungiert. Nicht-Banken können mit Inkrafttreten der PSD den Zahlungsverkehr entweder als alleiniges Geschäftsmodell oder als Zusatzdienstleistung zum Kerngeschäft, z. B. Telefongesellschaften, anbieten. In der Literatur wird diese neue Lizenzform für Dienstleister im Zahlungsverkehr auch als Payment Institutions bezeichnet, die im Rahmen der PSD mit einigen Vorteilsmerkmalen, z. B. einer vereinfachten Lizenzform zur Zulassung als Payment Institution, gegenüber Banken ausgestattet sind.[47]

Die Payment Service Directive – PSD II Seit 2013 gibt es im Nachgang zur PSD I den Vorschlag der Regulatoren zur Einführung der Richtline PSD II (2013/0264).[48] Die Notwendigkeit der Verabschiedung dieser neuen, die PSD I ergänzenden Richtline besteht aus Sicht der Regulatoren, da noch immer Defizite auf dem EU Zahlungsverkehrsmarkt vorliegen. Diese Defizite sind zum einen das bestehende Marktversagen im Zahlungsverkehr, welches sich durch die vorherrschende Marktfragmentierung für innovative Zahlungen und den ineffektiven Wettbewerb bei Karten- und Internetzahlungen erkennen lässt. Zum anderen sehen die Regulatoren noch immer regulatorische und aufsichtsrechtliche Lücken im Markt, bspw.:

• Unterschiedliche Interpretation der PSD Ausnahmen in den Mitgliedstaaten
• Mangel an Regulierung für die existierenden Zahlungsdienstleister
• Divergierende Lizenz- und Aufsichtsregeln und Praktiken.

Als Folge dessen bestehen im europäischen Zahlungsverkehr ungleiche Wettbewerbsbedingungen zwischen regulierten und nicht regulierten PSPs, neuen PSPs und Karten-Schemes. Insbesondere bemängeln die Regulatoren die Verhinderung von Innovationen durch Markteintrittsschwierigkeiten für neue PSPs, z. B. durch die anhaltende Marktdominanz der Karten-Schemes oder Banken. Weiterhin sehen die Regulatoren erhebliche Nachteile für PSU, welche durch höhere Preise/ Gebühren und Begrenzung der Zahlungsmöglichkeiten eingeschränkt sind. Zudem missfällt den Regulatoren die noch immer geringe Nutzung grenzüberschreitender

---

[47] Vgl. Europäisches Parlament; Rat der Europäischen Union 13/11/2007: S 319/2.
[48] Vgl. European Payment Council (2013a, b). European Payment Council (2013a). Ergänzend kann hier der Vorschlag der Verordnung (2013/0265) über multilaterale Interbankenentgelte für kartengestützte Zahlungsvorgänge angeführt werden.

Zahlungen, welche nach Angabe des ECB Statistical Data Warehouse mit ca. 4 %[49] in 2013 in Deutschland eine fehlende Marktakzeptanz verdeutlichen und gegen eine effiziente Nutzung der Märkte durch die SEPA-Instrumente sprechen.[50]

Die Zielsetzung der PSD II richtet sich somit auf die Förderung der Entwicklung eines effizienten EU-weiten Marktes für elektronischen Zahlungsverkehr. Zudem sollen unter Einbeziehung neuer Payment-Methoden insb. die Interoperabilität und die Standardisierung von E-Payment, M-Payment und Kartenzahlungen erhöht werden. Weiterhin gilt es, den Abbau von Hürden für den europaweiten freien Wettbewerb, die Vereinheitlichung der nationalen Regulierungen und die Verbesserung des Schutzes der Endverbraucher voranzutreiben. Zu den wichtigsten Neuerungen die im Rahmen der PSD II eingeführt werden zählen:

1. Ausweitung (z. B. geographisch) des Anwendungsbereiches der Regulierung
2. Erhöhung der Transparenz und Informationspflichten für alle Marktteilnehmer
3. Verbesserung der Rechte und Pflichten für den Endkunden (z. B. niedrigere Haftungsgrenzen der Endkunden)
4. Einführung neuer Sicherheitsstandards (z.B: SecuRe Pay).

Ein detaillierter Vergleich der Neuerungen der PSD II zur PSD I ist in Abb. 2.2 dargestellt, wobei der Schwerpunkt auf den vier genannten Blöcken und deren Inhalten liegt.

Zur Beschreibung der vier genannten Blöcke:

Block 1 – Anwendungsbereiche Der Anwendungsbereich wird in der PSD II geographisch, also durch die Einbeziehung weiterer non-EU Währungsländer sowie um dritte Zahlungsdienstleister erweitert. Ein Grund für die geographische Erweiterung des Rechtsrahmens ist das erhöhte Risiko für Verbraucher bei Transaktionen in non-EU Währungen, also Transaktionen mit einem PSP außerhalb des EWR („One-leg-out" Transaktionen). Künftig gelten somit auch für diese non-EU Währungstransaktionen die gleichen Transparenz- und Informationspflichten wie für die Euro-Transaktionen. Die Erweiterung der Regularie um dritte Zahlungsdienstleister (TPPs), bspw. die Sofort AG, bezieht sich insb. auf die rasanten Entwicklungen im Bereich der Internet-Zahlungen und die Abdeckung von

---

[49] Anzahl grenzüberschreitender Transaktionen gemessen an der Summe der Anzahl von Transaktionen pro Zahlungsinstrument (CT, DD, Karten, E-Money und Scheck), ohne Berücksichtigung aktueller SEPA-Transaktionen. Vgl. European Central Bank (2014, S. 525).

[50] Da die SEPA-Transaktionen nicht in nationale bzw. grenzüberschreitende Transaktionen unterteilt werden können, werden hier der Wert aus dem Jahr 2013 und die Verschiebung der SEPA-Einführungsfrist als Indikator für die geringe Nutzung der SEPA-Instrumente im grenzüberschreitenden Zahlungsverkehr angenommen.

Anwendungsbereich	Transparenz und Informationspflichten	Rechte und Pflichten	Sicherheit und Streitbeilegung
Geographische und Währungserweiterungen	Webportal mit der Europäischen Banken-aufsichtsbehörde (EBA)	Zugang und Nutzung der Informationen über Zahlungskonten	Sicherheits-anforderungen und Meldung von Vorfällen
Einbeziehung dritter Zahlungsdienstleister	Informationspflicht im Falle eines Zahlungsauslösedienstes	Haftung bei nicht autorisierten Zahlungsvorgängen	Sicherheitsmaßnahmen und Authentifizierung
Aktualisierung der Definition der kleinen Zahlungsinstitute		Entgelte bei Kartenzahlungen	Interne Streitbeilegung
Aktualisierung des „negativen" Anwendungsbereiches		Erstattungsrecht bei Lastschrift nach „SEPA Core DirectX Debit Rulebook"	

Abb. 2.2 Wesentliche Änderungen in der PSD II im Vergleich zu der PSD I. (Quelle: Eigene Darstellung in Anlehnung an (Capgemini Consulting 2014))

E-Zahlungsdiensten und Kontoinformationsdiensten in diesem Umfeld. Künftig gelten für die TPPs die gleichen Rechte und Pflichten wie für die PSPs, d. h. diese müssen zugelassen sein und unterliegen der Beaufsichtigung der jeweiligen nationalen Behörden, wie in Deutschland der BaFin.

Block 2 – Transparenz- und Informationspflichten   Zur Verbesserung der Transparenz schlägt die PSD II einen zentralen Zugangspunkt für Zahlungsdienste bei der EBA vor, welcher mit Informationspflichten für Zahlungsinstitute verbunden ist. Angedacht ist diesbezüglich eine europaweite Vernetzung der Mitgliedsstaaten durch ein EBA-Webportal, ein sog. PSP-Register, welches für jedes Zahlungsinstitut die zugelassenen Zahlungsdienste aufführt. Zudem befürwortet die PSD II einen verbesserten Verbraucherschutz, der durch den optimierten Austausch von Zahlungsdaten zwischen Käufer und Verkäufer sowie die Bereitstellung der aufgeschlüsselten Gebühren des Verkäufers im Nachgang zur Zahlung gewährleistet werden soll. Ziel ist es, dass sowohl die Verbraucher als auch die TTPs im Fall eines Betruges oder von Streitigkeiten dem kontoführenden PSP ergänzende Daten zum Zahlungsvorgang zur Verfügung stellen können.

Block 3 – Rechte und Pflichten   Der Zugang und zu Informationen und deren Nutzung über Zahlungskonten stellt einen wesentlichen Bestandteil der PSD II dar. So soll der Standardisierungsmangel im Bereich der Schnittstellen zwischen TPPs/Drittemittenten von Zahlungsinstrumenten und kontoführenden PSPs beseitigt werden. Der Vorschlag der PSD II ist, die Schnittstellen künftig nach EBA-Leitlinien zu standardisieren, um die Sicherheit des Informationsflusses zwischen dem Eingang des Zahlungsauftrages und der Verfügbarkeit der Geldbeträge sicherzustellen.

Dazu muss der kontoführende PSP den TPPs diskriminierungsfreien Zugang zu den Konten der Endkunden gewähren.[51]

Weiterhin streben die Regulatoren eine Verbesserung des Verbraucherschutzes im Falle von nicht autorisierten Zahlungsvorgängen an. So legt die PDS II mit Ausnahme von Betrug und grober Fahrlässigkeit einen Höchstbetrag für die Haftung des PSU von 50 EUR fest. Zudem gilt bei einer Beteiligung eines TPP, dass der kontoführende PSP im Falle eines nicht autorisierten Zahlungsvorgangs finanzielle Schadensansprüche gegenüber dem TPP hat. Das heißt, dass der Endkunde im Falle eines Schadens einen Anspruch gegenüber dem kontoführenden PSP, unabhängig davon, ob der PSP oder der TPP den Schaden verschuldet hat, geltend machen kann.[52]

Block 4 – Sicherheit und Streitbeteiligung Die PSD II beinhaltet drei wesentliche Änderungen bezüglich der Standards für Sicherheit und Streitbeteiligungen, dazu zählen:

1. Sicherheitsanforderungen und Meldung von Vorfällen (insb. Fraud-Cases)
2. Sicherheitsmaßnahmen und Authentifizierung
3. Interne Streitbeilegung.

Zum Punkt 1 zählt die PSD II die Harmonisierung mit dem Vorschlag der Richtlinie zur Netz- und Informationssicherheit (NIS). Somit werden NIS relevante Vorfälle der EBA gemeldet und PSUs über die Begrenzung möglicher negativer Auswirkungen informiert. Punkt 2 beinhaltet die Verbesserung durch Standardisierung und Harmonisierung der Sicherheitsmaßnamen von innovativen Zahlungsverfahren (bspw. E- und M-Payment). Insbesondere die Authentifizierung spielt dabei

---

[51] Kritisch zu erwähnen ist in diesem Zusammenhang Artikel 67 der PSD II. „For direct debits the payer has an unconditional right for refund within the time limits set in Article 68, except where the payee has already fulfilled the contractual obligations and the services have already been received or the goods have already been consumed by the payer. At the payment service provider's request, the payee shall bear the burden to prove that the conditions referred to in the third subparagraph." Folglich müssten die PSPs prüfen, ob der Payer die Ware schon benutzt hat, bevor sie eine Rücklastschrift annehmen. Dies ist theoretisch möglich, jedoch in der Praxis für die Banken schwer umsetzbar.

[52] Ergänzend kann hier die Regulierung der MIF angeführt werden. Im Hinblick darauf werden auf die Entgelte bei Kartenzahlungen (Interbankenentgelte) in der Verordnung 2013/0265 begrenzt und zusätzliche Kartenzahlungsgebühren für Verbraucher (z. B. beim Online-Einkauf eines Flugtickets) nicht mehr gestattet. Aufschläge (sog. „Surcharges") dürfen bei Kartenzahlungen somit nicht mehr berechnet werden. Vgl. European Payment Council (2013a).

Abb. 2.3 PSD II Roadmap. (Quelle: Eigene Darstellung in Anlehnung an (Capgemini Consulting 2014))

eine wesentliche Rolle, da sich die TPPs gegenüber dem kontoführenden Zahlungsdienstleister des Kontoinhabers künftig eindeutig authentifizieren müssen (z. B. mittels Zwei-Wege-Authentifizierung). Diesbezüglich erstellt die EBA in Zusammenarbeit mit der europäischen Zentralbank derzeit Leitlinien über mögliche Kundenauthentifizierungs- und Sicherheitsmaßnahmen. Der dritte Punkt beschreibt die Standardisierung von Beschwerdelösungsverfahren zwischen den Mitgliedsstaaten. Dazu sollen die PSP künftig auf Beschwerden innerhalb von 15 Arbeitstagen schriftlich antworten. In Verzögerungsfällen muss ein Antwortschreiben mit der Erklärung und einer neuen Frist (nicht über 30 Tage) versandt werden. Zudem müssen die Informationen zur Streitbeilegung auf der Website des PSP einfach zu finden sein und dokumentarisch festgehalten werden.

In Bezug auf den Zeitplan des EPC lässt sich die Umsetzung der regulatorischen Vorgaben der PSD II, wie ist in Abb. 2.3 aufgeführt, darstellen.

In der Feinjustierungsphase tragen die Verbände der europäischen Zahlungsverkehrsindustrie, des europäischen Einzelhandels und der Technologieunternehmen ihre Inhalte und Anmerkungen zum Vorschlag der PSD II bei. Anschließend, ähnlich wie bei der Verabschiedung der PSD I, werden die Mitgliedsstaaten nach dem Erlass der PSD II zwei Jahre zur Verfügung haben, um die neuen Vorschriften in das nationale Recht zu überführen. Das Inkrafttreten der PSD II wird somit erst nach der entsprechenden Überführung in das nationale Recht der Mitgliedstaaten, aller Voraussicht nach im Quartal 2 2016, erwartet.

2.1.2 Single Euro Payments Area – Definition und Instrumente

Definition der Marktinitiative SEPA SEPA oder „a European Union integration initiative in the area of payments"[53] ist aktuell die größte bankengetriebene[54]

---

[53] http://www.europeanpaymentscouncil.eu/content.cfm?page = sepa_vision_and_goals.

[54] Im Zusammenhang mit SEPA kommt es immer wieder zu Missverständnissen. So wird in einigen Quellen SEPA als ein Gesetz oder eine europäische Direktive beschrieben, was

Zahlungsverkehrsinitiative, die jemals in Europa durchgeführt worden ist. Vergleichbar ist die Schaffung der SEPA mit der des Euro, insbesondere in Bezug auf Ambitionen, Umfang und Komplexität des Unterfangens.[55] Trotz des engen Bezugs zur Bankenwelt kann das Projekt SEPA nicht nur als ein Projekt von Banken und Regulatoren gesehen werden, sondern beansprucht die Unterstützung und Zustimmung aller am Markt teilnehmenden Akteure, was SEPA wiederum auch so einzigartig macht.[56]

SEPA selbst steht für einen einheitlichen Euro-Zahlungsverkehrsraum,[57] in dem alle Zahlungen wie inländische Zahlungen behandelt werden und keinerlei Unterscheidungen mehr stattfinden. Deshalb gilt seit dem Start von SEPA im Jahr 2008 die Zielsetzung, sukzessive alle Zahlungsinstrumente und Prozesse im Euro-Raum zu vereinheitlichen und nationale Besonderheiten abzubauen. Dies wiederum ermöglicht Nutzern, Zahlungsdienstleistungen bspw. von einem einzigen Konto innerhalb des SEPA Raums mit Hilfe der SEPA-Instrumente vorzunehmen. Letztlich sollen die bargeldlosen Euro-Zahlungen ebenso einfach, effizient und sicher von einem einzigen Konto innerhalb des Euro-Raums vollzogen werden können, wie dies bisher nur bei nationalen Zahlungen möglich ist.[58]

Die Zielsetzung von SEPA ist in Abb. 2.4 illustriert, wobei der Fokus der Regulatoren insbesondere auf dem Abbau grenzüberschreitender Markteintrittsbarrieren, der Senkung des Preisniveaus, einer Marktkonsolidierung sowie einem Anstieg der Effektivität liegt.[59]

Die in Abb. 2.4 illustrierten SEPA-Zielsetzungen bieten dem SEPA-Marktteilnehmer Chancen, aber auch Risiken. So werden beispielsweise grenzüberschreitende Zahlungen für Unternehmen künftig kostengünstiger und schneller sein, aber auch Investitionen benötigen, um die neuen Standards und Normen intern umzusetzen.

---

unzutreffend ist. SEPA ist eine von Banken kreierte und von Banken getriebene Initiative zur Harmonisierung des paneuropäischen Zahlungsverkehrs.

[55] Vgl. European Central Bank (2006a, S. 4). Siehe Anlage 2.

[56] Vgl. Avădanei (2010, S. 60 f.).

[57] SEPA wird fälschlicherweise gelegentlich als Single European Payments Area bezeichnet.

[58] Vgl. European Central Bank (2007a, S. 3).

[59] Vgl. Chaplin (2009, S. 18). Volkswirtschaftlich gesehen, wird damit im EU-Zahlungsverkehr eine Wohlfahrtssteigerung angestrebt.

Ziele von SEPA

- Einführung neuer einheitlicher Zahlungsverkehrsinstrumente und -verfahren
- Stärkung des EU-Markts und dessen Wettbewerbsfähigkeit
- Rechtssicherheit im europäischen Zahlungsverkehr
- Einrichtung einer einheitlichen EU-Zahlungsinfrastruktur
- Migration der inländischen Zahlungsverkehrsmärkte
- Förderung von Marktkonsolidierungen
- Implementierung einheitlicher Standards, Normen und Formate (z.B. ISO 20022)
- Stärkung des Verbraucherschutzes

Chancen von SEPA	**Risiken von SEPA**
- Beschleunigter Cash-Flow durch schnellere Buchung, D+1 - Vereinfachung des grenzüberschreitenden Zahlungsverkehrs - Haftungsbeschränkung bei Kartenverlust (€ 150) - Einheitliche Zahlungsverfahren wie SDD - Intensivere Kommunikation mit Kunden (z.B. Pre-Notification)	- Hohes Investitionsvolumen zur Umsetzung der Ziele - Neue und gesteigerte Anforderungen an die bestehende Systeminfrastruktur - Erhöhte Anforderungen an die Datenqualität - Neue Anforderungen an Mitarbeiter - Neue Abwicklungsprozesse (SDD, SCT) - Kurze Fristen für die Umsetzung

Abb. 2.4 Auszug der Ziele sowie Chancen und Risiken von SEPA. (Quelle: Eigene Darstellung in Anlehnung an (European Central Bank 2010; VÖB 2007))

Die SEPA-Zahlungsinstrumente Zu den SEPA-Instrumenten zählen die SEPA-Kartenzahlung[60], der SEPA Credit Transfer[61] und das SEPA Direct Debit[62,63]

Derzeit basieren die SEPA-Instrumente SCT und SDD bereits auf den neuen SEPA-Technikstandards des europäischen Kreditgewerbes und werden als XML-Nachrichtenformat auf Grundlage des weltweiten Standards ISO 20022 generiert.[64] Dieser einheitliche technische Standard gewährleistet künftig u. a. die Interoperabilität von Zahlungsverkehrsinfrastrukturen und ermöglicht eine vollautomatisierte

---

[60] Die SEPA Kartenzahlungen sind zwar ein SEPA Instrument, allerdings gibt es derzeit noch keine konkreten Vorgaben oder Regelungen zur Schaffung dieses Instruments wie bei den Instrumenten SCT und SDD. Eine detaillierte Abbildung der derzeitigen Zahlungskarten findet sich Handbuch: Die Transformation des europäischen Kartengeschäfts, Huch (2013).

[61] Siehe Anlage 5.

[62] Siehe Anlage 6; Anlage 7.

[63] Vgl. European Central Bank (2007a, S. 4 f.).; European Central Bank (2006a, S. 14 ff.).

[64] Für Kartenzahlungen gibt es derzeit noch kein einheitliches SEPA-Kartenformat.

Ziele SCT-Scheme	Ziele SDD-Scheme
• Abschaffung von Unterschieden zwischen nationalen und grenzüberschreitenden Zahlungen durch die Beseitigung des „Grenzeffekts". • Gewährleistung einheitlicher Basisanforderungen für alle Überweisung innerhalb der SEPA . • Vollautomatische (STP) Zahlungsabwicklung der SCT innerhalb der SEPA ohne manuelle Brüche. • Schaffung eines Rahmens für einheitliche Standards und Praktiken zur Vermeidung von Zahlungsverzögerungen bei SCT. • Generierung hoher Sicherheitsstandards, Senken des Risikos und eine verbesserte Kosteneffizienz für alle Akteure der SCT. • Förderung eines wettbewerbsfähigen SCT-Markts sowie die Schaffung von verbesserten Kundendienstleistungen.	• Etablierung eines Schemes ohne Unterschiede zwischen nationalen und grenzüberschreitenden SDD sowie einer uneingeschränkten Erreichbarkeit der SDD. • Deckung der Bedürfnisse aller Marktbeteiligten durch die Generierung eines einfachen, gut kontrollierten, voll entmaterialisierten, sicheren, zuverlässigen, transparenten und kostengünstigen SDD-Zahlungsinstruments. • SDD als „Best-in-Class" für Sicherheit, geringes Risiko und Kosten. • Förderung eines wettbewerbsfähigen SDD-Marktes. • Verbesserung der aktuellen Kundenservices durch Anpassung dieser an das SEPA-Service-Level. • Schaffung eines Rahmens für einheitliche Standards und Praktiken zur Vermeidung von Zahlungsverzögerungen. • Etablierung eines SDD-Schemes, das die aktuell verschieden den künftigen Marktanforderungen anpassen kann (z.B. EBPP, e-Signatur)

Abb. 2.5 Auszug der SCT- und SDD-Zielsetzungen. (Quelle: Eigene Darstellung in Anlehnung an (European Payment Council 1/11/2010a, S. 10; European Payment Council 1/11/2010b, S. 10))

Abwicklung von Zahlungen (STP) im SEPA-Raum, was auf Basis der fragmentierten nationalen Formate bisher nicht möglich gewesen ist. Eine weitere Neuerung im Rahmen von SEPA ist, dass künftig der Überweisende und der Begünstigte (sowie deren Kreditinstitute) an Hand von IBAN[65] und BIC[66] anstatt wie bisher von nationaler Bankleitzahl und Kontonummer identifiziert werden.[67]

Die Zielsetzungen des SCT- und SDD-Schemes richten sich an den übergeordneten Zielen von PSD und SEPA aus, womit die wesentlichen Ziele der neuen SEPA-Zahlungsinstrumente identisch sind. Dennoch gibt es leichte Abweichungen in den einzelnen SCT- und SDD-Scheme-Zielsetzungen, die in der Gegenüberstellung in Abb. 2.5 deutlich werden.

Um die genannten SEPA-Instrumente erfolgreich am Markt zu platzieren, sind seitens des EPC eine Reihe von Rahmenvereinbarungen (sogenannte SEPA-Frameworks) und weiterführende Verfahrensregeln (sogenannte SEPA-Rulebooks) zur Abwicklung von SEPA-Zahlungen erstellt worden. Aufgabe der Frameworks ist es, die Bedingungen aufzuzeigen, unter denen sich die Wirtschaftssubjekte

---

[65] Internationale Bank-/Kontonummer für nationale und grenzüberschreitende Zahlungen.

[66] Internationale Bankleitzahl eines Kreditinstituts.

[67] Vgl. European Central Bank (2006c); Skinner (2008, S. 7 f.). Siehe Anlage 4.

bewegen können, um die in den Frameworks vorgegebenen Ziele zu erreichen. Beispielhaft ist dafür die Forderung im SCF nach Gewährleistung der europaweiten Kartenakzeptanz, die der Issuer auf verschiedenen Wegen, z. B. durch Co-Badging[68] oder die Etablierung eines paneuropäischen Schemes, gewährleisten kann. Hingegen definieren die Rulebooks bereits konkrete Anforderungen, die seitens der Marktteilnehmer direkt umzusetzen sind und in denen es keine Möglichkeiten für individuelle Entwicklungen gibt. [69]

Die SEPA-Scheme-Rulebooks Die neuen Instrumente SCT und SDD, oftmals vom EPC auch als eigenständige Schemes bezeichnet, werden nach Ablauf des Enddatums im Februar 2014 sowie nach einer Übergangsfrist von 24 Monaten für nationale Verfahren durch die Europäische Kommission die existierenden nationalen Schemes ersetzen.[70] Für die Einführung von SCT und SDD sind seitens des EPC bereits verschiedene Versionen der Rulebooks veröffentlicht worden,[71] die Auskunft über die Regeln, Standards, Praktiken, Rechte und Pflichten der beteiligten Scheme-Parteien geben. Weiterhin beinhalten die Rulebooks Angaben über Anforderungen und die Qualität von Daten innerhalb der Schemes. Zudem werden auch die Schnittstellen der Schemes zwischen Banken, Payment Service

---

[68] Unter Co-Badging wird die Kooperation zweier unterschiedlicher Schemes unter der Federführung einer Bank zur Steigerung der Akzeptanz einer Karte durch paralleles Aufbringen einer zweiten Akzeptanzmarke verstanden. Vgl. European Commission (2012, S. 10 ff.); Giudice (2011, S. 43); Kubis-Labiak (2004, S. 60); Esch (2008); Blackett und Russell (1999); Baumgarth (2004); VÖB (2008, S. 91); VÖB (2010, S. 90).

[69] Nicht weiter betrachtet werden bspw. das Single Euro Cash Area Framework oder das EPC White Paper on Mobile Payments.

[70] Vgl. Europäisches Parlament; Rat der Europäischen Union 30/03/2012; European Commission (2010b); Europäisches Parlament; Rat der Europäischen Union 9/10/2009; GD Binnenmarkt und Dienstleistungen 16/12/2011; Europäisches Parlament; Rat der Europäischen Union 14/03/2012; Braatz und Brinker (2012e).

[71] Die SEPA-Rulebooks sind Rahmenwerkte des EPC, die die notwendigen Anpassungen der Marktteilnehmer in Bezug auf die Umsetzung der neuen SEPA-Instrumenten SCT und SDD vorgeben. Vgl. European Payment Council 1/11/2010a; European Payment Council 1/11/2010b.

Providern[72], Clearing und Settlement Mechanism[73] mit allen notwendigen Regeln durch die Rulebooks definiert.

Grundsätzlich lässt sich festhalten, dass die SCT- und SDD-Schemes nicht alle Eigenschaften der existierenden nationalen Schemes übernehmen können. Aus diesem Grund sind die Additional Optional Services (AOS) integriert worden, die individuelle Anpassungen auf nationaler Ebene ermöglichen, sofern diese nicht die Interoperabilität des SCT- und SDD-Schemes gefährden. Verbindlich für alle Länder sind jedoch die durch die PSD vorgegebenen und in den SEPA-Rulebooks technisch verankerten neuen Verrechnungszeiten. So gilt für SCT eine Ausführungszeit von D + 1 für die Zustellung der Zahlung vom Debitor zum Kreditor. Für SDD belaufen sich die Vorlagezeiten für die Abbuchung auf der Kreditoren-Bank auf D-5 für eine erstmalige Transaktion, wohingegen für nachfolgende Transaktionen D-2 bindend ist.[74]

Durch das SDD sind eine Reihe gravierender Einschnitte unternommen und erhebliche Änderungen (z. B. kürze Ausführungszeiten, Einführung der Pre-Notification und Mandatsverpflichtungen oder umfassendere Rückforderungsansprüche) im Zahlungsverkehr durchgeführt worden. Hinzu kommt, dass die SDD-Schemes für die Vielzahl der Mitgliedstaaten eine völlig neue Regelung und ein gänzlich neues Zahlungsinstrument darstellen, wohingegen sich das SCT-Scheme grundsätzlich an den bisherigen nationalen Verfahren orientiert.[75]

SEPA Card Framework Das SCF, maßgeblich für SEPA seit 1. Januar 2008, beschreibt die vom EPC vorgeschlagenen Grundsätze und Regeln zur Abwicklung von Kartentransaktionen für Banken, Karten-Schemes und Interessenvertreter innerhalb der SEPA. Der Anwendungsbereich bezieht sich dabei auf alle Kartentransaktionstypen (Karten-Barabhebungen am Geldautomaten bzw. Kartenzahlungen am POS), alle Währungen (Euro und alle im Sinne des Art. 9 der EC Regulierung 2560/2001), garantierte Transaktionen (kein ELV) sowie die unterstützende Technologie (z. B. Europay, MasterCard and VISA zuzüglich PIN und

---

[72] PSP sind Zahlungsdienstleister, die Händlern die Möglichkeit bieten, Zahlungskarten über das Internet oder MO/TO zu akzeptieren. Die PSP übernehmen weiterhin das finanzielle Ausfallrisiko im Auftrag des Acquirers, womit auch Händlern ohne Kunden- bzw. Zahlungshistorie die Möglichkeit gegeben wird, Kartenzahlungen zu akzeptieren. Zusätzlich übernehmen die PSP die Garantie der Sicherheit für die Zahlung sowie den notwendigen Autorisierungsprozess. Vgl. Kubis-Labiak (2004, S. 31).

[73] Der Clearing and Settlement Mechanism umfasst die Bezeichnung der Funktionen des Clearing und des Settlement.

[74] Vgl. Rambure und Nacamuli (2008, S. 89).

[75] Vgl. European Payment Council 1/11/2010a; European Payment Council 1/11/2010b.

Liability Shift).[76] Zudem ist das SCF ein Rahmenwerk, das sich mit einer voranschreitenden Marktentwicklung weiter konkretisiert und trotz seiner Einführung noch nicht final ausformuliert worden ist.[77]

Ergänzend zu den Anwendungsbereichen sind vom EPC einzelne Regelungsinhalte im SCF definiert worden, um die SEPA-Konformität des Kartengeschäfts im Detail zu erläutern. Diese Regelungsinhalte basieren auf den generellen SEPA-Zielen und spiegeln die klare Zieldefinition des EPC wider, was im Kartengeschäft mit der Marktinitiative SEPA erreicht werden soll. Konkret zählen zu den SEPA-Zielen des Kartengeschäfts:

- die Abschaffung ausschließlich nationaler Zahlungskarten
- die rechtliche Handhabung grenzüberschreitender wie inländischer Kartenzahlungen
- eine einheitliche Preisgestaltung, z. B. MIF, für In- und Auslandstransaktionen
- die Gewährleistung von Preistransparenz ohne Preisbündelung bei Kartenzahlungen
- die Beseitigung von Markteintrittsbarrieren im Kartengeschäft, z. B. durch die Schaffung transparenter Teilnahmekriterien und einheitlicher Lizenzgestaltungen
- Stärkung des Wettbewerbs durch die freie Wahl des Issuers, des Acquirers, des Zertifizierers und des Karten-Schemes
- Beseitigung diskriminierender nationaler Bedingungen für ausländische Issuer, Acquirer und Schemes
- das Vorantreiben der Trennung von Verwaltung, Prozessing[78] und sonstiger Funktionen innerhalb eines Karten-Schemes
- die Kompatibilität/ Interoperabilität der nationalen Scheme-Technik

---

[76] Vgl. European Payment Council 18/12/2009.

[77] Vgl. VÖB (2008, S. 70).

[78] Das Processing steht für die elektronische Manipulierung von Daten. Es umfasst die Konvertierung, Formatierung und Transformation von Daten, um eine Zahlungstransaktion auszuführen. Dies beinhaltet die Übertragung von zahlungsrelevanten Informationen zwischen Händler und Acquirer, die Übertragung von zahlungsrelevanten Informationen zwischen Acquirer und Issuer, den Austausch von Informationen zwischen Issuer und Acquirer zur Durchführung von C&S sowie das Routing von Informationen. Weiterhin ist ein Prozessor ein Dienstleister (Service Provider) oder eine PI, die das Karten- und Händlermanagement, die Front-Office-Identifizierung und -Autorisierung, operative Back-Office-Dienstleistungen für Händler und Karteninhaber, das C&S sowie das Fraud-Management abwickeln. Vgl. Capgemini (2011).

• das Vorantreiben einer gemeinsamen europaweiten Bekämpfung von Karten-
betrug[79]

Schließlich soll auf Basis der Anwendungsbereiche und Regelungsinhalte des SCF
die Förderung der Interoperabilität bei Kartenzahlungen durch die Festlegung
gemeinsamer Standards und Normen (z. B. Zulassung des EMV-Chip für mehr
Sicherheit), erreicht werden.[80] Dabei soll das Produkt Karte für den Kunden innerhalb der SEPA derart einfach, kostengünstig und sicher sein wie im Heimatland
des Kunden. Leitbild ist hier der Grundsatz „Any card at any terminal"[81,82]

2.1.3 Die Abgrenzung zwischen PSD und SEPA

Die Abb. 2.6 zeigt die Ausprägungen der unterschiedlichen Variablen einer Diffe-
renzierung auf und verdeutlicht die Abgrenzungsbereiche der PSD I/ PSD II und
der Marktinitiative SEPA.[83] Erkennbar wird, dass sich die Initiativen im Ursprung,
in der regionalen Ausdehnung, den tangierten Währungen, den Adressaten, der
Rechtsbeziehung sowie in den eingeschlossenen Dienstleistungen wesentlich un-
terscheiden. So liegt bspw. der Ursprung der PSD bei den Regulatoren, während
die SEPA eine Marktinitiative der Bank ist, bzw. umfasst die PSD I und die

---

[79] Vgl. European Payment Council 18/12/2009; Stockhausen (2008, S. 6 ff.). Kein Bestandteil der SCF sind nichtgarantierte Zahlungen (z. B. ELV), die elektronische Geldbörse,
Zahlungskarten für geschlossene Benutzerkreise, Mehrwertprodukte, Gebührenmodel-
le, Kundenbedingungen, Akzeptanzstellenbedingungen, Interchange Fee, Währung des
Kartenkontos sowie die Kreditlinien auf dem Konto.

[80] Neben den Anwendungsbereichen und Regelungsinhalten beschreibt das SCF auch die
technischen Marktschnittstellen, sogenannte Domains, um eine europaweite Standardisierung der Infrastruktur zu erreichen. Diese Marktschnittstellen sind wie folgt definiert: Karte/
Terminal-Schnittstelle, Terminal/Host-Schnittstelle, Issuer/Acquirer-Schnittstelle sowie ein
übergreifendes Zertifizierungsverfahren. Diese Aufteilung der Marktschnittstellen verfolgt
den Grundsatz der Trennung zwischen Scheme und Infrastruktur, um den Wettbewerb am
Markt zu fördern. Denn durch diesen Grundsatz ist es bspw. Händlern künftig möglich, Acquirer außerhalb nationaler Strukturen als Dienstleister auf einer konkurrenzfähigen Basis
zu wählen. Vgl. Zentraler Kreditausschuss/12/04/2006; Pfaffenberger (2008, S. 183 f.).

[81] European Central Bank (21/09/2004).

[82] Vgl. EPC (2010).

[83] Eine detaillierte Unterscheidung von SEPA und PSD sowie der gemeinsamen Vision und
Zielsetzungen, findet sich in Anlage 1.

Initiative Variablen	PSD	SEPA
Ursprung	European Kommission	Selbstreguliert durch Banken
Region*	EU und EWR (31 Länder)	EU, EWR und Schweiz (32 Länder)
Erfasste Währung	Euro und Währungen der Mitgliedsstaaten	Euro
Adressaten	Zahlungsdienstleister, i.S.d. PSD I und PSD II	Banken
Rechtsbeziehungen	Zahlungsdienstleiter und Zahlungsdienstnutzer	Verhältnis zwischen Zahlungsdienstleistem
Dienstleistungen	Zahlungsdienstleistungen	SEPA - Überweisung
		SEPA - Lastschriftund
		SEPA - Kartenzahlungen

* Status Quartal2, 2014

Abb. 2.6 Abgrenzung zwischen PSD und SEPA. (Quelle: Vgl. (Lycklama und Liezenberg 2010, S. 18))

PSD II auch Nicht-Euro-Währungen, während die SEPA nur Euro-Mitgliedstaaten beheimatet.[84]

Grundsätzliches Unterscheidungsmerkmal der Initiativen ist, dass die PSD die Einführung einheitlicher Regeln und Standards im EU-Zahlungsverkehr und die notwendige Rechtssicherheit und Akzeptanz in der Kunde-Bank-Beziehung gewährleistet, damit die SEPA Dienstleistungen uneingeschränkt zur Geltung kommen können.[85]

2.1.4 Aktueller Status der PSD- und SEPA-Umsetzung

Bis zum heutigen Stand ist die SEPA-Umstellung langsamer vorangeschritten, als von den Regulatoren erwartet, was sich deutlich in der erneuten Verlängerung der SEPA Einführungsfrist für die Mitgliedstaaten auf dem 01. August 2014 verdeutlicht. Dennoch nehmen derzeit 33 europäische Länder an der SEPA teil. Über 4.500

---

[84] Vgl. Lycklama, Liezenberg (2010, S. 18).
[85] Vgl. European Payment Council (2009, S. 37).

Banken haben sich dem SCT angeschlossen, und mehr als 3.000 Banken haben ihre Teilnahme am SDD bestätigt. Allerdings wird derzeit noch immer nicht die gesamte Anzahl (SCT ca. 90 % und SDD ca. 80 % des SEPA-Transaktionsvolumens) von SEPA-Zahlungstransaktionen durch die Mitgliedstaaten im SEPA-Format abgewickelt. Diese Tatsache deutet darauf hin, dass die Umsetzung der Regelwerke und die Erreichbarkeit der Marktteilnehmer für SEPA-Zahlungen allein nicht genügen, um einen vollständigen Wechsel von den nationalen Instrumenten auf die SEPA-Instrumente zu gewährleisten, trotz mehrfacher Deadlines, wie dem 01. Februar 2014 und dessen Verschiebung auf den 01. August 2014. Somit ist bei der Umsetzung von SEPA zwar bereits viel erreicht worden, jedoch bedarf es für eine erfolgreiche Vollendung der SEPA aus Sicht der Regulatoren weiterer Schritte. Deshalb sind am 01. Februar 2016 auch die SEPA-Enddaten für SCT, SDD und SEPA-Kartenzahlungen so vereinbart worden, dass bis zum Ablaufen dieses Datums die Umstellung auf die neuen SEPA-Instrumente vollständig erfolgt sein muss und auch keine nationalen Besonderheiten mehr existieren.[86]

Die Integration des europäischen Kartengeschäfts ist derzeit mit der Umsetzung des SEPA Card Clearing Frameworks der Berlin Group noch in den Anfängen, und eine Vollendung des SEPA-Kartengeschäfts ist erst zum 01 Februar 2016 zu erwarten. Deshalb konnten viele Ziele der Regulatoren im EU-Kartengeschäft bisher noch nicht erreicht werden.[87] Das seit Inkrafttreten der Lissabon-Agenda stark gestiegene Transaktionsvolumen der Kartenzahlungen und die daraus resultierenden Skaleneffekte haben bisher zu keiner signifikanten Verringerung der Verbraucherkosten und der Interchange Fee geführt.[88] Hinzu kommt, dass die nationalen Debit-Karten

---

[86] Vgl. European Central Bank (2008b); Europäisches Parlament; Rat der Europäischen Union (09/01/2014).

[87] Weitere Ziele, welche beispielhaft für das Kartengeschäft noch immer nicht erreicht worden sind, sind u. a. die Reduzierung der noch immer ansteigenden Zahl von Betrugsfällen, einheitliche SEPA-Standards/SEPA-Normen, die Abschaltung der Altsysteme, eine Kompatibilität der nationalen Schemes oder ein einheitliches Preisniveau.

[88] Die Interchange Fee der nationalen Karten-Schemes weichen noch immer von einem Land zum anderen voneinander ab und sind bei grenzüberschreitenden Zahlungen unterschiedlich hoch. Auch eine endgültige Festlegung der Höhe der künftigen Interchange Fee für Debit-, Charge- und Kreditkarten seitens der Regulatoren steht noch aus. Allerdings greift setzt hier die Verordnung 2013/0625 auf, welche u. a. die Interchange Fees für Debitkarten auf 0,2 % und für Kreditkarten auf 0,3 % reduziert. Vgl. European Payment Council (2013a).

ohne Co-Badging außerhalb des Herkunftslands häufig noch immer nicht an jedem POS akzeptiert werden, was die Weiterentwicklung der SEPA hemmt.[89]

Ein weiterer Aspekt der mangelnden Umsetzung der SEPA-Ziele im Kartengeschäft ist mitunter durch die nur langsam voranschreitende Schaffung eines zusätzlichen paneuropäischen Karten-Schemes gekennzeichnet, wobei einzelne Initiativen derzeit in ihrer Entwicklung stagnieren.[90] Gleichwohl haben die europäischen Regulatoren ein solches Karten-Scheme als ein notwendiges Element zur Steigerung des Wettbewerbsniveaus erachtet, welches dem weiteren Voranschreiten des Zusammenschlusses der Länder innerhalb der SEPA dient.[91]

Hingegen können die Regulatoren bei der Standardisierung von Kartenzahlungen, z. B. durch einheitliche Lizenzvorgaben wie die der PI, TPP, Secure Pay, beim EMVCo und dem PCI-Standard erste Fortschritte vorweisen. So sind beispielsweise die Anzahl der grenzüberschreitenden Acquiring- und Issuing-Aktivitäten der Marktteilnehmer sowie die positive Erwartungshaltung der Marktteilnehmer in Bezug auf die SEPA deutlich angestiegen.[92]

2.2 Die Organe der PSD- und SEPA-bedingten Transformation

Zur Förderung des einheitlichen europäischen Zahlungsverkehrs und des europäischen Kartengeschäfts sind verschiedene Organe in Europa für die Erstellung und Umsetzung der regulatorischen Anforderungen zuständig. Zu den bedeutendsten europäischen Organen im Zahlungsverkehr zählen u. a. der EU-Rat[93], das Europäische Parlament[94], die Europäische Kommission[95] mit dem EC DG Internal Market und dem EC DG Competition, das EPC, das Eurosystem (insbesondere die Europäische Zentralbank) sowie die Berlin Group. All diese Organe beeinflussen mit

---

[89] Euro-Zone: EMV Migration am POS ca. 92 %, EMV-compliant Cards ca. 88 %, EMV-compliant ATMs ca. 97 %. Vgl. European Commission (2012); www.ecb.europa.eu/paym/sepa/about/html/index.en.html.

[90] Vgl. Braatz und Brinker (2012c).

[91] Vgl. European Central Bank (2010, S. 5 f.).

[92] Vgl.; European Payment Council (2013a); European Payment Council (2013b); European Central Bank (2010, S. 26 ff.).

[93] Vgl. Art. 15 EU-Vertrag; Art. 235 f. AEU-Vertrag.

[94] Vgl. Art. 14 EU-Vertrag; Wandhöfer (2010, S. 12).

[95] Vgl. Art. 17 EU-Vertrag; Art. 244 ff. AEU-Vertrag.

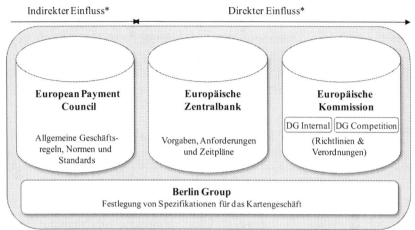

Indirekter Einfluss*   Direkter Einfluss*

European Payment Council

Allgemeine Geschäfts-
regeln, Normen und
Standards

Europäische Zentralbank

Vorgaben, Anforderungen
und Zeitpläne

Europäische Kommission

DG Internal DG Competition

(Richtlinien &
Verordnungen)

Berlin Group
Festlegung von Spezifikationen für das Kartengeschäft

* Des Europäischen Parlamentes und EU-Rates

Abb. 2.7 Organe von PSD und SEPA. (Quelle: Eigene Darstellung)

ihren Gesetzen, Richtlinien, Rahmenwerken, Regelwerken oder neuen Standards und Normen die Schaffung einer SEPA.[96]

Das Projekt der Errichtung eines einheitlichen europäischen Zahlungsraums basiert auf mehreren politischen Säulen. Abbildung 2.7 veranschaulicht die SEPA Organe in Form der drei unterschiedlichen Säulen (EPC, EZB, EC), die nach deren Funktionen differenziert sind.

Die politischen Organe sind wiederum in der europäischen Gesetzgebung des EU-Parlamentes und des Rates festgelegt. Das Europäische Parlament ist diesbezüglich als eine übergeordnete Legislative zu verstehen, das auf alle relevanten Organe zur Schaffung einer SEPA sowohl direkten, z. B. auf die EZB und die EC im Rahmen der parlamentarischen Kontrollfunktion, als auch indirekten Einfluss ausübt, z. B. auf das EPC durch die regulatorische Gesetzgebung, die auch für Banken umsetzungspflichtig ist. Gestaffelt nach den Aufgaben erarbeitet die EC gemeinsam mit der EZB und dem EPC jene Regeln und Prozesse, nach denen in Zukunft im gesamten Euro-Raum der Zahlungsverkehr gestaltet werden soll. Der EPC als Selbstregulierungsinstitution der europäischen Banken hat hierbei eine

---

[96] Vgl. HNA.de (2012). Festzuhalten ist, dass Gesetze und Richtlinien eher einen indirekten und Rahmenwerke, Regelungen sowie neue technische Standards einen direkten Einfluss auf die SEPA ausüben.

wesentliche Rolle bei der Ausarbeitung von Detailregeln übernommen. Die Vereinheitlichung der Rechtsvorschriften für den Zahlungsverkehr verbleibt jedoch bei der Europäischen Kommission, da dieses Vorhaben die Kompetenzen einer Selbstregulierungsorganisation übersteigt. Die Berlin Group wiederum übt diesbezüglich eine Schnittstellenfunktion aus, die maßgeblich die Anforderungen der EC, der EZB und des EPC an das Kartengeschäft im Binnenmarkt umsetzt.[97]

2.2.1 Europäisches Parlament – der „Legalisierer"

Mit Blick auf den SEPA-Raum hat das Europäische Parlament die Aufgabe, Verträge zu erarbeiten und zu unterzeichnen (Legalisierung) sowie europäische Gesetze und Verordnungen zur Förderung des einheitlichen europäischen Zahlungsverkehrs zu beschließen und zu erlassen. So sind u. a. mit dem Vertrag von Maastricht[98] (1992), der EU-Preisverordnung (2001), dem Vertrag von Lissabon[99] (2007), der Verordnung zum einheitlichen Euro-Zahlungsverkehrsraum[100] (2012) oder der Verordnung zur Migration der bisherigen nationalen Verfahren[101] (2012) bereits richtungsweisende regulatorische Rahmenbedingungen für die Schaffung einer SEPA durch das Europäische Parlament beschlossen und manifestiert worden.

---

[97] Vgl. Abele et al. (2007, S. 23); European Central Bank (2010a, S. 7).

[98] Der am 7. Februar 1992 in Maastricht geschlossene Vertrag über die Europäische Union ist am 1. November 1993 in Kraft getreten. Die damit gegründete Europäische Union ruht auf drei Säulen: Die Europäische Gemeinschaft, die aus den EG-Gründungsverträgen von 1957 hervorgegangen und in Maastricht weiter vertieft worden ist, bleibt das tragende Element (erste Säule); der Einstieg in eine gemeinsame Außen- und Sicherheitspolitik (zweite Säule) und in die „Zusammenarbeit der Justiz- und Innenminister" (dritte Säule, Innen- und Justizpolitik). Ein wesentliches Kernstück des Vertrages war die Einführung des Euro gewesen.

[99] Der Vertrag von Lissabon, auch EU-Grundlagenvertrag, ist ein völkerrechtlicher Vertrag zwischen den Mitgliedstaaten der Europäischen Union, der am 13. Dezember 2007 unter portugiesischer Ratspräsidentschaft in Lissabon unterzeichnet worden und am 1. Dezember 2009 in Kraft getreten ist. Mit ihm werden die Institutionen der EU modernisiert und ihre Arbeitsmethoden optimiert. Der vollständige Titel des Vertrages lautet: „Vertrag von Lissabon zur Änderung des Vertrags über die Europäische Union und des Vertrags zur Gründung der Europäischen Gemeinschaft", veröffentlicht im ABl. 2007/C 306/01, zuletzt bekanntgemacht im ABl. 2010/C 83/01 und ABl. 2010/C 84/01.

[100] Vgl. Europäisches Parlament 14/02/2012; Europäisches Parlament; Rat der Europäischen Union 9/10/2009.

[101] Vgl. Europäisches Parlament; Rat der Europäischen Union 14/03/2012; Braatz und Brinker (2012e).

Die wichtigste Grundlage für die Transformation der Zahlungsverkehrsmärkte des EWR durch das Europäische Parlament ist jedoch die Erarbeitung und Verabschiedung der PSD (2007) gewesen.[102] Weiterhin übt das Europäische Parlament auch die parlamentarische Kontrolle über die SEPA-Aktivitäten der Europäischen Kommission sowie der EZB aus, in deren Rahmen die EC und EZB regelmäßig über ihre Tätigkeit und Fortschritte berichten müssen.[103] Zu dem Aufgabengebiet der parlamentarischen Kontrolle über die SEPA-Aktivitäten gehören auch Konsultationen mit den Marktteilnehmern vor der Einführung von Verordnungen,[104] Abstimmungsrunden mit der EC und der ECB über neue oder modifizierte SEPA-relevante Richtlinien sowie Lobbyarbeiten für das Vorantreiben der SEPA-Ziele und der SEPA-Akzeptanz am Markt.[105]

Nicht zum Aufgabengebiet des Europäischen Parlaments im SEPA Zahlungsverkehr zählen die konkrete Erarbeitung und Beschlussfassung bspw. einheitlicher europäischer Standards und Normen durch Rahmenwerke wie das SCF oder die SCT- und SDD-Rulebooks. Diese Aufgabe obliegt auf Grund der fehlenden Marktnähe des Europäischen Parlaments den marktgetriebenen Interessenverbänden wie dem EPC.

---

[102] Weitere SEPA relevante Veröffentlichungen des EP sind u. a. gewesen: a) die Direktive für die Wirksamkeit von Abrechnungen in Zahlungssystemen sowie Wertpapierliefer- und -abrechnungssystemen (1998), b) die SEPA Direktive 2000/46/EC für elektronisches Geld (2000), in Anlehnung an die EU-Preisverordnung die Festlegung maximaler Ausführungszeiten, einer Betragslimitierung sowie Kostenverrechnungen für grenzüberschreitende Überweisungen und ATM Nutzungen (2001), c) der Vorschlag für die Festlegung der technischen Vorschriften für Überweisungen und Lastschriften in Euro auf Basis der Änderung der Verordnung (EG) Nr. 924/2009 (2009), d) die SEPA Verordnung EG Nr. 924/2009 des Europäischen Parlaments und des Rates vom 16. September 2009 über grenzüberschreitende Zahlungen in der Gemeinschaft (2009) und zur Aufhebung der SEPA-EU-Preisverordnung (2009) e) sowie der Beschluss zur Einführung der SEPA-Instrumente mit der Festlegung der SEPA-Enddates (2012).

[103] Vgl. European Central Bank (2010).

[104] Bspw. ist die Einführung der PSD erst nach einer fünfjährigen Diskussions- und Konsultationsphase mit der EU-Kommission, Kreditinstituten, Verbraucherorganisationen und Branchenverbänden erfolgt, bevor der Europäische Rat und das Europäische Parlament die PSD verabschiedet hat.

[105] Eine Erwähnung dieser Aufgaben findet sich in den EC Annual Reports und ECB SEPA Progress Reports.

2.2.2 European Payment Council – der „Interessenvertreter"

Das EPC ist im Jahr 2002 als Interessenvertretung der europäischen Kreditwirtschaft und der Europäischen Union mit dem Ziel der Steuerung der SEPA-Aktivitäten gegründet worden.[106] Dieser Schritt ist notwendig geworden u. a. durch die auf dem Vertrag von Maastricht, der Lissabon-Agenda und der EU-Preisverordnung basierenden Gesetzgebungen[107], die oftmals im Widerspruch zu den Interessen der Banken gestanden haben und dennoch umgesetzt werden mussten. Um aus Sicht der Banken bei künftigen Entscheidungen der Regulatoren, insbesondere bei SEPA, eine einheitliche Interessenvertretung im Zahlungsverkehr zu haben, haben sich die Banken geeinigt, das EPC zu gründen.[108]

Das Aufgabengebiet des EPC umfasst seit der Gründung die Koordination der europäischen Banken und Verbände im Sinne einer Selbstregulierung. Um diese zu gewährleisten, erstellt das EPC u. a. strategische Vorgaben und Richtlinien für die Marktseite. Zudem obliegt dem EPC die Formulierung der Entscheidungen innerhalb der SEPA. Beispielhaft lassen sich für die wichtigsten Aufgaben des EPC im SEPA-Zahlungsverkehr die Entwicklung der gemeinsamen europäischen Regeln (sogenannte SEPA-Rulebooks und SEPA-Frameworks) für SEPA-Überweisungen, SEPA-Lastschriften und SEPA-Kartenzahlungen für die Kreditwirtschaft aufführen, die erstmals im Jahr 2006 (SCF) und 2008 (SCT und SDD) veröffentlicht worden sind.[109] Zudem erweitert das EPC kontinuierlich und in Abhängigkeit von den SEPA-Regularien sein Aufgabenspektrum, weshalb vom EPC u. a. auch Themen wie die SEPA-Mobile oder SEPA-B2B abgedeckt werden.[110]

---

[106] Weiterhin ist das EPC eine Non-Profit Organisation (Organisation Diagramm siehe Anlage 3, die alle Ergebnisse kostenlos zur Verfügung stellt und veröffentlicht. Das EPC versteht sich nicht als Anbieter von Technologien, Waren oder Dienstleistungen. Zu den aktuell rund 74 Mitgliedern zählen neben den europäischen Bankenverbänden vor allem nationale Bankenverbände und große Kreditinstitute.

[107] Beispielhaft: Europäisches Parlament; Rat der Europäischen Union (14/02/1997); Europäisches Parlament; Rat der Europäischen Union (9/10/2009).

[108] Vgl. http://www.europeanpaymentscouncil.eu/content.cfm?page = what_is_epc.

[109] Weitere Regelwerke und Themenfelder des EPC in Bezug auf SEPA sind u. a. das SEPA B2B Direct Debit Rulebook (2007), SDD B2B Additional Optional Services (AOS) (2007), das SEPA Core Direct Debit Rulebook (2007), SDD Core Additional Optional Services (AOS) (2007), das SDD Mandate, IBAN und BIC (2007), die ISO 20022 Message Standards (SEPA Data Formats) (2007), SDD Scheme-Compliant Clearing and Settlement Mechanisms (CSMs) (2007), die EPC Approval of Certification Authorities (2009), die Richtlinie der Adherence Process für SEPA Core Direct Debit Schemes und für SEPA B2B Direct Debit Schemes (2009).

[110] Vgl. European Commission (2009b, S. 9); www.europeanpaymentscouncil.eu.

Eine weitere Zielsetzung des EPC umfasst die Entwicklung der auf SEPA bezogenen Zahlungsschemes und Frameworks, die notwendig sind, um die SEPA zu verwirklichen. Insbesondere zählen dazu auch die Erarbeitung von strategischen Richtlinien für Standardisierungen in der Kreditwirtschaft, die Festlegung von grundsätzlichen Regeln für SEPA-Zahlungsdienstleistungen, Best-Practices-Ansätze sowie die Unterstützung und Überwachung von Entscheidungen innerhalb der SEPA.[111]

2.2.3 Europäische Zentralbank (Eurosystem) – der „Förderer"

Zu den traditionellen Aufgaben der EZB hinzugekommen [112] sind seit Inkrafttreten der PSD und SEPA vor allem die Funktionen des Meinungsbildners und des Förderers von Entwicklungen. In diesem Kontext agiert die EZB als aufsichtsrechtliches Organ des Markts,[113] ihr obliegt zudem die Rolle des Operators oder Anbieters von neuen Zahlungsdienstleistungen, des Katalysators[114] bei der Umsetzung von Reformen im Rahmen von PSD und SEPA sowie die Nutzung der SEPA-Instrumente innerhalb der Organisation.[115]

---

[111] Vgl. European Central Bank (2006a, S. 8); www.europeanpaymentscouncil.eu.

[112] Eine wichtige Rolle der EZB, die historisch gewachsen und traditionell ist, besteht in der Funktion als zentrale Routingschnittstelle im Zahlungsverkehr und als Hüter der Währungsstabilität. In Bezug auf die Unterstützung der Vollendung der Währungsunion ist die EZB infolge ihrer Satzung sowie durch den EG-Vertrag und die in der Satzung des Europäischen Systems der Zentralbanken definierten Aufgaben in die Gestaltung des Euro-Zahlungsverkehrs eingebunden. Dabei ist die Einführung des Euro aus Sicht der EZB nur ein Schritt zur Integration des europäischen Zahlungsverkehrs in den EU-Binnenmarkt gewesen. Allerdings wird das Ziel der Realisierung einer SEPA erst mit der Schaffung eines gemeinsamen Währungsraums aus Sicht der EZB final umgesetzt. Deshalb bestehen weiterhin die Forderungen seitens der EZB an den Bankensektor, eine Angleichung des Auslands- an den Inlandszahlungsverkehr herbeizuführen sowie eine Mini-SEPA zu vermeiden. Weiterhin wird die Integration der Euro-Zahlungsverkehrsmärkte zur Stabilisierung der Euro-Währung durch die EZB vorangetrieben. Vgl. Bankenverband (2009, S. 12 f.); http://www.EZB.int/EZB/html/index.de.html.

[113] Die Aufsichtsfunktion dient zur Sicherstellung der Funktionsfähigkeit des Zahlungsverkehrs und der Überwachung der laufenden Entwicklungen der Bankindustrie.

[114] Die Rolle des Katalysators hat das Ziel, einen integrierten Zahlungsverkehrsmarkt zu schaffen.

[115] As the operator or provider of a payment service, the central bank could provide and develop payment and credit services by: issuing cash as a direct payment instrument and issuing deposit claims as the settlement asset for interbank payments; operating systemi-

Darüber hinaus veröffentlicht die EZB Fortschrittsberichte[116], um über den Stand der SEPA-Realisierung zu informieren.[117] Weiterhin fördert die EZB wissenschaftliche Arbeiten zum Thema der Liberalisierung bzw. Harmonisierung des SEPA-Zahlungsverkehrs. So sind bspw. unter der Schirmherrschaft der EZB in den Reihen der „Working Paper Series" und der „Occasional Paper Series" eine Vielzahl von Arbeiten zu unterschiedlichen Sachverhalten im Rahmen von PSD und SEPA veröffentlicht worden. Beispielhaft dafür haben (Rochet und Wright 2009), (Bedre-Defolie und Calvano 2009) sowie (Börestam und Schmiedel 2011) die Bildung der optimalen Interchange Fee und mögliche Auswirkungen der Höhe der Interchange Fee auf die Zahlungsverkehrsmärkte innerhalb der SEPA untersucht. Aber auch anderen Themengebiete wie die veröffentlichen Analysen von (Kalckreuth et al. 2009) über die Entwicklung der Zahlungsinstrumente in Europa oder die Untersuchungen von (Martin et al. 2005), (Schmiedel 2007) sowie (Carbó-Valverde et al. 2009) über die notwendigen regulatorischen Eingriffe bzw. deren Auswirkungen auf die Transformation des europäischen Zahlungsverkehrs sind ein Bestandteil möglicher wissenschaftlicher Marktanalysen im Rahmen von SEPA. Zudem erarbeitet die EZB in Zusammenarbeit mit den Marktteilnehmern Rahmenwerke für den Zahlungsverkehrsmarkt, insbesondere das Kartengeschäft wie das Oversight Framework for card payment schemes – standards.

---

cally important settlement networks or participating directly in private sector arrangements that operate clearing and settlement networks, potentially participating in their governance arrangements; operating non-systemically important payment clearing and settlement arrangements (and potentially participating in their governance arrangements), or participating directly in retail payment transaction networks; managing settlement accounts and providing settlement credit for participants in the payment settlement network, both intraday and at the end of the day. As a catalyst, the central bank could contribute to payment system reform or development by: initiating or coordinating work, conducting research or acting as a consultant on the design or operation of payment systems or related policy issues; advising on – or occasionally even drafting – proposed legislation in the area of payment systems. As the oversight authority for the payment system, the central bank could: publish its oversight principles, policies or guidelines; monitor existing or planned systems or assess them against safety or efficiency objectives; act as a consultant, provide advice or, if necessary, promote changes to the payment system's organisation or operations. As a user of payment services in its operational activities, the central bank could: participate in or use systems owned or operated by external parties to make or receive payments on behalf of its own customers (such as the government or government agencies); participate in or use securities settlement or depository systems for its own operations; use correspondent banking services for other central banks or financial institutions. Vgl. Kokkola (2010, S. 157 f.).

[116] Dieser Fortschrittsbericht ist unter: http://www.EZB.int/paym/pol/sepa/html/index.en. html abrufbar.

[117] Vgl. Lammer (2006, S. 144); VÖB (2008, S. 20).

2.2.4 Europäische Kommission – der „Kontrolleur"

Die Europäische Kommission ist der Interessenvertreter und ein supranationales Organ der Europäischen Union.[118] In Bezug auf PSD und SEPA erarbeitet und generiert die Kommission den nötigen Rechtsrahmen für den SEPA-Zahlungsverkehrsmarkt, z. B. durch die Einführung der PSD, und gewährleistet eine vollständige Umsetzung aller regulatorischen Vorschriften des Europäischen Parlaments.[119]

In Bezug auf die Transformation des europäischen Zahlungsverkehrs ist die Europäische Kommission nicht erst seit der Lissabon-Agenda in die Schaffung eines einheitlichen europäischen Zahlungsverkehrsmarkts involviert, sondern hat bereits seit den 1980er und Anfang der 1990er Jahre richtungsweisende Schritte unternommen. Diesbezüglich hat die Europäische Kommission, gestützt auf den Vertrag zur Gründung der Europäischen Wirtschaftsgemeinschaft, eine Reihe unverbindlicher Empfehlungen für den Zahlungsverkehr, insbesondere den Kartenmarkt ausgesprochen, z. B. zur Verbesserung des Schutzes und zur Unterrichtung der Karteninhaber durch den Kartenherausgeber, die Förderung eines Verhaltenskodexes im Bereich des elektronischen Zahlungsverkehrs oder die Verbesserung

---

[118] Die EC erarbeitet u. a. Vorschläge für neue europäische Rechtsvorschriften, die dann dem Parlament und dem Rat zur Entscheidung vorlegt werden. Zugleich ist die Kommission aber auch die Exekutive der EU, d. h., sie ist für die Umsetzung der Beschlüsse des Parlaments und des Rates verantwortlich und somit vergleichbar mit der Regierung eines Nationalstaats. Für die Exekutive der Kommission im Rahmen von PSD und SEPA sind vor allem zwei Institutionen verantwortlich: die Generaldirektion „Binnenmarkt und Dienstleistungen" (EC DG Internal Market oder GD MARKT) und die Generaldirektion „Wettbewerb" (GD Wettbewerb oder EC DG Competition). Die GD MARKT gehört zu den Generaldirektionen und Diensten, die das Fundament der Europäischen Kommission bilden. Ihre Hauptaufgabe ist die Koordinierung der Binnenmarktpolitik und die Beseitigung von Handelshemmnissen, insbesondere im Bereich Finanzmärkte. Die GD Wettbewerb wiederum setzt gemeinsam mit den Wettbewerbsbehörden der Mitgliedstaaten die EU-Wettbewerbsvorschriften durch mit dem Ziel, dass alle Unternehmen unter gerechten und fairen Bedingungen miteinander in Wettbewerb treten können und so die Funktionsweise der Märkte verbessert wird. Vgl. http://europa.eu/institutions/inst/comm/index_de.htm; http://ec.europa.eu/dgs/internal_market/index_de.   http://ec.europa.eu/dgs/competition/index_de.htm.

[119] Neben der PSD gibt es noch weitere Berührungspunkte zwischen der Kommission und SEPA, z. B. den Vorschlag für eine Verordnung über ein Fristende, die Einhaltung der SEPA-Ziele und mögliche Maßnahmen sowie die Gewährleistung einer wirksam funktionierenden EU-Wettbewerbspolitik etc. Vgl. http://ec.europa.eu/internal_market/payments/sepa/ec_de.htm#competition.

und Sicherstellung eines reibungslosen Funktionierens der Zahlungsinstrumente innerhalb des europäischen Wirtschaftraums und somit der SEPA.[120]

Auf die unverbindlichen Regelungen in den 1980er Jahren sind dann Mitte der 1990er Jahre erste verbindliche Richtlinien für die Marktteilnehmer im Zahlungsverkehr gefolgt, die bereits eindeutig auf die Schaffung einer SEPA abgezielt haben. So ist von der Europäischen Kommission damit begonnen worden, bspw. erste Zahlungsinstrumente wie die Überweisung oder das Preisniveau für den grenzüberschreitenden Zahlungsverkehr einheitlich zu regeln.[121]

Mit Beginn der Jahrtausendwende hat die Kommission ihre Bestrebungen zur Schaffung einer SEPA durch eine Ausweitung der Schwerpunkte des Zahlungsverkehrs vom grenzüberschreitenden Zahlungsverkehr auf den gesamten Zahlungsverkehr (national und grenzüberschreitend) innerhalb des SEPA Raums und der Anliegerstaaten[122] konkretisiert, woraus bspw. die EU-Preisverordnung von 2001 und die Richtline für Zahlungsdienste in 2007 hervorgegangen sind.[123] Durch die Marktinfrastrukturreform, die auf den verschiedenen und umfassenden neuen Regulierungen seit den 1980er Jahren basiert, konnten letztlich weitere verbindliche Richtlinien zur Liberalisierung und Harmonisierung des europäischen Zahlungsverkehrs durch die Europäische Kommission eingeführt werden, wozu u. a. die Finalitätsrichtlinie, die E-Geld-Richtlinie oder die Richtlinie Finanzsicherheiten zählen.[124]

---

[120] Zu diesen Empfehlung der Kommission zählen u. a.: Die Empfehlung 88/590/EWG vom 17. November 1988 zu Zahlungssystemen, insbesondere zu den Beziehungen zwischen Karteninhabern und Kartenausstellern; die Empfehlung 87/598/EWG vom 8. Dezember 1987 für einen Verhaltenskodex im Bereich des elektronischen Zahlungsverkehrs (Beziehungen zwischen Finanzinstituten, Händlern/Dienstleistungserbringern und Verbrauchern); die Empfehlung 97/489/EG vom 30. Juli 1997 zu den Geschäften, die mit elektronischen Zahlungsinstrumenten getätigt werden (besonders zu den Beziehungen zwischen Emittenten und Inhabern solcher Instrumente).

[121] Vgl. Europäisches Parlament; Rat der Europäischen Union 14/02/1997; Europäisches Parlament; Rat der Europäischen Union 9/10/2009.

[122] SEPA Anliegerstaaten sind die Länder, die selbst nicht über die Euro-Währung verfügen, jedoch starke wirtschaftliche Beziehungen zu den Euro-Staaten pflegen und somit in den Zahlungsverkehr der Euroländer involviert sind, z. B. die Schweiz oder das UK.

[123] Weitere Verordnungen sind u. a.: Europäisches Parlament; Rat der Europäischen Union 9/10/2009; Europäisches Parlament; Rat der Europäischen Union 12/08/2006.

[124] Vgl. Richtlinie 2009/44/EG zur Änderung der Richtlinie 98/26/EG über die Endgültigkeit von Zahlungen sowie der Richtlinie über Finanzsicherheiten; Richtlinie 2009/110/EG des Europäischen Parlaments und des Rates vom 16. September 2009 über die Aufnahme, Ausübung und Beaufsichtigung der Tätigkeit von E-Geld-Instituten, zur Änderung der Richtlinien 2005/60/EG und 2006/48/EG sowie zur Aufhebung der Richtlinie 2000/46/EG;

2.2.5 Berlin Group – der „Kartenbeauftragte"

Die Berlin Group ist eine europäische Initiative des Kartengeschäfts, die auf Grund der SEPA-Initiative im Jahr 2004 in Berlin gegründet worden ist.[125] Ziel der Berlin Group ist es, die Anforderungen der EC, EZB und des EPC an Kartenzahlungen in einem europäischen Binnenmarkt für den Euro-Zahlungsverkehr im Bereich Standardisierung der Schnittstellen zwischen bspw. Acquirer- und Issuer-Hostsystemen umzusetzen.[126] Diesbezüglich erarbeitet die Berlin Group die notwendigen Standards und Normen für das SEPA-Kartengeschäft, was bspw. mit dem Vorschlag für ein einheitliches SEPA-Kartenformat durch das SEPA Card Clearing Paper[127] (SCC) oder die Veröffentlichung des ISO 8583[128] Standards 3.1 erfolgt ist.

Richtlinie 2002/47/EG des Europäischen Parlaments und des Rates vom 6. Juni 2002 über Finanzsicherheiten.

[125] Derzeit besteht die Gruppe aus 23 wichtigen Akteuren aus dem Bereich des kartengestützten Zahlungsverkehrs aus mehr als 15 Ländern in und außerhalb der Euro-Zone. Vgl. http://www.berlin-group.org/.

[126] Dazu sollen die gemeinsam in Form von Spezifikationen verabschiedeten europäischen Lösungen auf der Effizienz, der Bekanntheit, der Sicherheit, der einfachen Einsetzbarkeit und dem daraus erwachsenden breiten Akzeptanzniveau der heutigen nationalen Kartenverfahren aufbauen können. Vgl. http://www.zka-online.de/zka/zahlungsverkehr/kartengestuetzter-zahlungsverkehr.html.

[127] Das SCC ist der erste europäische Standard für das einheitliche Clearing von Kartentransaktionen innerhalb der SEPA und ergänzt die bereits vorhandenen SEPA-Zahlungsinstrumente SCT und SDD für den Interbankenbereich um Kartenzahlungen. Das SCC-Rahmenwerk beinhaltet sowohl die „Operational Rules" für das Clearing und Settlement im Interbankenbereich (CSM) als auch die Spezifikation selbst, basierend auf dem internationalen Standard ISO 20022. Es unterstützt sämtliche wesentlichen Geschäftsprozesse für das Clearing von Kartentransaktionen, wie sie auch durch das European Payment Council (EPC) in dessen Payments and Withdrawals with Cards in SEPA: Applicable Standards and Certification Process aufgeführt sind. Vgl. Berlin Group 28/01/2011; VÖB (2011).

[128] Die ISO 8583 ist ein Standard für Meldungen, die von Zahlungskarten erzeugt werden, bzw. stellt die ISO 8583 eine Spezifikation der Übertragungsmeldung bei Kartenzahlungen dar.

Die 2011 gegründete EU-Finanzaufsicht mit den Organen EBA[129], EIOPA[130]
und ESMA[131] stellt einen weiteren Einflussfaktor auf den europäischen Zahlungsverkehr und die einzelnen Instrumente dar.[132] Bisher ist noch unklar, welche
Rollen und Funktionen konkret durch die neuen Organe im Rahmen von SEPA
übernommen werden. Ein interessanter Aspekt hierbei ist allerdings, inwieweit
Auflagen zukünftig seitens grenzüberschreitender Finanzinstitute im „Non Cash"-
Zahlungsverkehr zu erfüllen sind, um die Stabilität der Finanzmärkte weiterhin zu
gewährleisten.

2.3 Zusammenfassung der Erkenntnisse

PSD und SEPA bilden aus Sicht der Regulatoren das Fundament der Transformation des EU-Zahlungsverkehrs. Allein durch die Verabschiedung des SEPA-
Enddatums, die bevorstehende Marktkonsolidierung und die Steigerung des Grades
der Standardisierung werden nach Meinung der Regulatoren im Zahlungsverkehr Landesgrenzen und kulturelle Besonderheiten an Bedeutung verlieren. Der
EU-Zahlungsverkehr wird unter dieser Prämisse einen weiteren Schritt in Richtung eines einheitlichen Rechtrahmens und Zahlungsmarkts vollziehen und den
europäischen Binnenmarkt zusätzlich stärken.[133]

Mit Blick auf die SEPA-Instrumente spielt insbesondere das Kartengeschäft für
die Regulatoren eine bedeutende Rolle. Denn die Verbreitung von Kartenzahlungen, ob kartenbasiert oder virtuell, wird zukünftig immer mehr an Bedeutung
gewinnen. Allerdings weist der europäische Markt im Kartengeschäft noch immer eine besonders hohe Fragmentierung auf. Dies ist einmal mehr Anlass für
die Regulatoren, eine Transformation des Kartengeschäfts herbeizuführen, um

---

[129] European Banking Authority, zuständiges Organ der EU-Kommission für die Banken-
aufsicht in London.

[130] European Insurance and Occupational Pensions Authority, zuständiges Organ der EU-
Kommission für die Überwachung der Geschäfte von Versicherungen und Pensionsfonds in
Frankfurt am Main.

[131] European Securities and Markets Authority, zuständiges Organ der EU-Kommission für
Börsenaufsicht.

[132] EBA, EIOPA und die ESMA sind Teil eines operativen Netzverbunds und sollen vor allem
einheitliche Regeln für die nationalen Kontrollen festlegen und deren Inhalte überprüfen.
Nationale Aufsichtsbehörden sollen durch die neuen Organe der EU-Kommission nicht
ersetzt, allerdings sollen grenzüberschreitende Dienstleister mehr eingebunden werden.

[133] Vgl. European Commission (2007b, S. 154 ff.); Huch (2013) Kap. 4.

die Effektivität und Vorbildfunktion eines einheitlichen EU-Binnenmarkts zu erfüllen.[134]

Weiterhin hat SEPA nach Ansicht der Regulatoren auch Auswirkungen auf andere Zahlungsverkehrsinitiativen bzw. Instrumente wie die E-Payments[135] und M-Payments[136]. Erste Initiativen, z. B. das SEPA-ePayments-Framework im Rahmen von E-SEPA[137] und die Generierung von SEPA-spezifischen Value Added Services im Onlinehandel, zeigen Auswirkungen auf die Entwicklung im E-Commerce.[138] Ähnlich ist es mit den Bestrebungen zur Liberalisierung der M-Payments in Europa, wo bereits das EPC unter der Bezeichnung „SEPA-Mobile" die Version 2.0 des White Papers Mobile Payments veröffentlicht hat. Auch hier folgt die Entwicklung der M-Payments den Visionen der Regulatoren, was anlehnend an SEPA auch die Gründung einheitlicher Standards und Normen für Europa umfasst.[139]

---

[134] Vgl. Capgemini et al. (2011); European Commission (2007b, S. 79 ff.); European Commission (2006a).

[135] Unter E-Payments werden alle Onlinezahlungen wie bei E-Commerce Transaktionen verstanden. Vgl. Hartmann (2006, S. 7).

[136] Unter M-Payments werden in Anlehnung an die Definition der ECB: „A payment where a mobile device (e.g. a phone or Personal Digital Assistant (PDA)) is used at least for the initiation of the payment order and potentially also for the transfer of funds." http://www.ecb.int/home/glossary/html/glossm.en.html, alle Zahlungstransaktionen verstanden, die mit dem mobilen Handheld oder Telefon durchgeführt werden, auch wenn diese nur das Einloggen in das Onlinebanking beinhalten und die Zahlung dort mittels Transaktionsnummer durchgeführt wird.

[137] Das SEPA-e-Payment-Framework ist eine Initiative des E-Commerce-Sektors zur Schaffung paneuropäischer Onlinezahlungsinstrumente.

[138] Vgl. Lycklama, Liezenberg (2010, S. 16).

[139] Vgl. European Payment Council (18th 2010).

Kritische Thesen

3

These 1: Non-Banks (bspw. PI) stellen aktuell keine Bedrohung für die Banken dar, da diese allenfalls von Spezialisten für das Angebot in Nischen eingesetzt werden. Die bspw. im Rahmen der PSD eingeführte Lizenzform der PI oder im Rahmen der PSD II berücksichtigen TPP werden künftig eine wichtige Rolle im Zahlungsverkehr spielen. So wird bspw. weiterhin ein Großteil der bisherigen Marktteilnehmer wie NSP, Prozessoren und Acquirer auf die neue Lizenzform der PI wechseln, um von den Vorteilen (z. B. den geringen Eigenkapitalanforderungen) zu profitieren. Es ist zudem sehr wahrscheinlich, dass Non-Banks wie die PI oder die TPP sowohl das Wettbewerbsniveau anheben und ein Öffnen der SEPA-Märkte weiterhin begünstigen als auch zum Abbau von rechtlichen Hindernissen für grenzüberschreitende Tätigkeiten beisteuern. Diese Vorteile der Non-Banks haben u. a. zur Folge, dass sich vor allem spezialisierte Marktteilnehmer (z. B. Sofort AG) entlang der Wertschöpfungskette des Zahlungsverkehrs prozessorientiert[1] positionieren werden. Problematisch ist jedoch für die Non-Banks aufbauenden Marktteilnehmer, dass es ihnen an Kundennähe fehlt, die wiederum die Banken vorweisen können. Demzufolge werden sich die neuen Marktteilnehmer hauptsächlich auf die technische Abwicklung der Prozesse konzentrieren und weniger im Retail-Geschäft tätig sein. Die Banken wiederum werden sich auf das Retail-Geschäft konzentrieren und die die Non-Banks weniger als Konkurrenten und stattdessen als Dienstleister ansehen. Aus diesem Grund ist eine Verdrängung der Banken im Zahlungsverkehr durch Non-Banks nicht zu erwarten, weshalb die Banken derzeit keine strategischen Maßnahmen zu Anpassung des Geschäftsmodells ergreifen müssen.

---

[1] Insbesondere werden technische Dienstleistungen im Back-Office für Banken angeboten und durchgeführt.

**These 2: Die durch PSD (I und II) und SEPA angestrebten wohlfahrtsfördern-
den Effekte entsprechen nicht der Höhe, die von den Regulatoren geschätzt
werden.** Mit Blick auf den Wohlfahrtseffekt hat die PSD- und SEPA-bedingte
Transformation des europäischen Zahlungsverkehrs Auswirkungen auf alle Mitgliedstaaten und alle Marktteilnehmer. Neben der Senkung des Marktpreisniveaus
sind es vor allem die angestrebten Skaleneffekte, die durch die Standardisierung der
Zahlungsinstrumente, Architekturen und Abwicklungsprozesse auf europäischer
Ebene und die damit verbundene weitere Steigerung der Effizienz in der Zahlungs-
verkehrsabwicklung einen wohlfahrtsfördernden Effekt auf die Mitgliedstaaten
haben sollen. Aus Sicht der einzelnen volkswirtschaftlich involvierten Sektoren
lassen sich insbesondere die Bereiche des Prozessing, Acquiring sowie der CSM
hervorheben, die durch die Transformation des Zahlungsverkehrs vor neue strategische Herausforderungen gestellt werden. Denn es gilt u. a., neue SEPA-Produkte
und SEPA-Dienstleistungen bereitzustellen, neue Geschäftsmodelle zu entwickeln,
veraltete Systeme zu ersetzen, Abwicklungsprozesse zu optimieren und einem ansteigenden Wettbewerbsniveau entgegenzuwirken. Somit steht den Einsparungen
aus den angestrebten SEPA-Skaleneffekten ein nicht unerhebliches Investitions-
volumen gegenüber, das durch die Marktteilnehmer aufgebracht werden muss.
Damit sich allerdings das eingebrachte Kapital amortisiert, müssen die durch den
Markt angedachten SEPA-Instrumente auch eingeführt und von den Marktteilnehmern umfangreich genutzt werden. Derzeit stellt allerdings die Bereitschaft der
Marktteilnehmer, insb. mit Verlängerung der SEPA-Frist auf den 01.08.2014, das
Hauptproblem der Transformation dar. Grund dafür ist, dass die Marktteilnehmer
noch immer vermehrt die nationalen Zahlungslösungen anbieten und nutzen, was
aktuell noch einen Parallelbetrieb der Systeme bedingt und die Realisierung der
von den Regulatoren theoretisch ermittelten Skaleneffekte beeinträchtigt. Folglich
bleibt die durch die Regulatoren versprochene Wohlfahrtssteigerung vorerst aus.

**These 3: Das aktuelle SEPA-Konzept berücksichtigt nur unzureichend die
gravierenden Differenzen in den einzelnen Kulturen der verschiedenen EU-
Mitgliedstaaten. Dort sind die Hemmnisse sehr groß, die Kulturen für die
theoretischen Konzepte der EU-Regulatoren aufzugeben.** Ein Nachteil, den je-
de grenzüberschreitende Transformation mit sich bringt, ist die Vernachlässigung
der einzelnen Kulturen und Gewohnheiten in den jeweiligen Mitgliedstaaten zu
Gunsten einer Mehrwertgenerierung durch Standardisierung. Ähnlich verhält es
sich auch bei der PSD- und SEPA-bedingten Transformation des europäischen
Zahlungsverkehrs. Die Vereinheitlichung von Struktur und Ökonomie innerhalb
der SEPA gestaltet sich zu Lasten nationaler Eigenheiten. Allerdings sind diese

Eigenheiten, z. B. das ELV in Deutschland, historisch gewachsene und auf Basis einer Notwendigkeit geschaffene und weitgehend akzeptierte Lösungen des Markts. Solche Lösungen verlieren nicht zwingend ihre Daseinsberechtigung, nur weil ein Transformationsprozess, bspw. der SEPA, eingesetzt hat. Weiterhin befürworten viele Nutzer die nationalen Eigenarten und sind mitunter nicht bereit, da die Eigenarten gegebenenfalls auch einen Teil ihrer nationalen Identität ausmachen, diese für eine zentralisierte Lösung aufzugeben. Hinzu kommt, dass die EU-Regulatoren im Rahmen von PSD und SEPA bislang den kulturellen Aspekten in den Mitgliedstaaten zu wenig Beachtung schenken und davon ausgehen, dass die Marktteilnehmer bereit sind, diese ohne Beanstandung aufzugeben. Insbesondre mit der PSD II, in der die nationalen Besonderheiten weiter eingeschränkt werde sollen, ist dies ein kritischer Punkt. Allerdings sind bis heute von den EU-Regulatoren keine gesonderten Konzepte entworfen worden, die beispielsweise die nationalen Eigenarten im Rahmen der SEPA-Transformation berücksichtigen und in Form von bspw. Value-Added-Services integrieren. Beispielhaft sei genannt: Die Regulatoren unterstützen die Idee zur Gründung einer einheitlichen Abwicklungsplattform für Kartenzahlungen innerhalb der SEPA, ohne zu berücksichtigen, dass damit bereits getätigte Investitionen von Marktteilnehmern wie den nationalen Banken unrentabel werden. Zudem lassen die Regulatoren unklar, in welchem Mitgliedstaat mögliche Abwicklungsplattformen errichtet werden sollen. Dieser Umstand ist aber wichtig, da es noch immer bspw. nationale Verbraucherschutzgesetze gibt, denen somit alle anderen Mitgliedstaaten Folge leisten müssten. Auch die Frage der Arbeitsplätze ist ein politisches Thema.

Es lässt sich zusammenfassen, dass die Hemmnisse zur Umsetzung einer theoretisch getriebenen Transformation in den europäischen Mitgliedstaaten sehr vielfältig sind. Bisher gibt es wenig Einverständnis in den Mitgliedstaaten, solche gewachsenen Kulturen für die theoretischen Konzepte der EU-Regulatoren aufzugeben. Diese Meinung wird zunehmend dadurch gestützt, wenn Krisen wie die Euro-Krise in 2012 einzelne Mitgliedstaaten dazu zwingen, einen Finanzausgleich zu akzeptieren und die Schulden anderer Mitgliedstaaten zu tragen, ohne sie selbst verschuldet zu haben.

Anhang

4

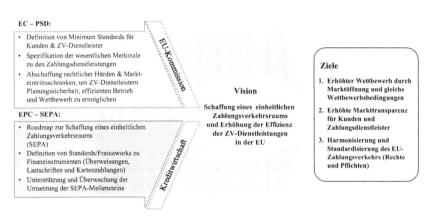

EC – PSD:

- Definition von Minimum Standards für Kunden & ZV-Dienstleister
- Spezifikation der wesentlichen Merkmale zu den Zahlungsdienstleistungen
- Abschaffung rechtlicher Hürden & Markteintrittsschranken, um ZV-Dienstleistern Planungssicherheit, effizienten Betrieb und Wettbewerb zu ermöglichen

EPC – SEPA:

- Roadmap zur Schaffung eines einheitlichen Zahlungsverkehrsraums (SEPA)
- Definition von Standards/Frameworks zu Finanzinstrumenten (Überweisungen, Lastschriften und Kartenzahlungen)
- Unterstützung und Überwachung der Umsetzung der SEPA-Meilensteine

EU-Kommission

Kreditwirtschaft

Vision

Schaffung eines einheitlichen Zahlungsverkehrsraums und Erhöhung der Effizienz der ZV-Dienstleistungen in der EU

Ziele

1. Erhöhter Wettbewerb durch Marktöffnung und gleiche Wettbewerbsbedingungen

2. Erhöhte Markttransparenz für Kunden und Zahlungsdienstleister

3. Harmonisierung und Standardisierung des EU-Zahlungsverkehrs (Rechte und Pflichten)

Abb. 4.1 Überblick Rechtsrahmen. (Quelle: Eigene Darstellung in Anlehnung an (Capgemini 2010))

S. Huch, *Der einheitliche EU-Zahlungsverkehr*, essentials,
DOI 10.1007/978-3-658-06202-6_4, © Springer Fachmedien Wiesbaden 2014

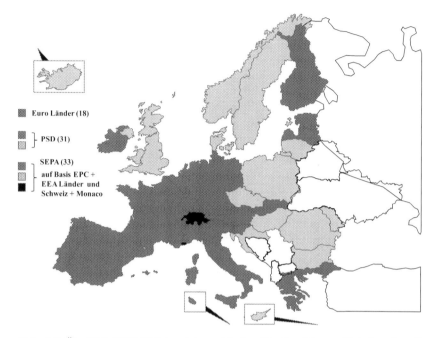

Abb. 4.2 Überblick SEPA/PSD involvierter Länder. (Quelle: Skinner 2008, S. 6; http://ec.europa.eu/internal_market/payments/framework/transposition_de.htm; http://www.europeanpaymentscouncil.eu/)

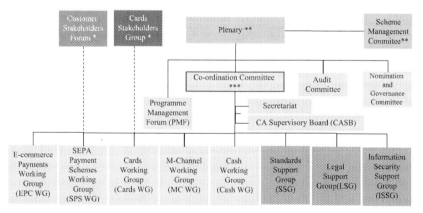

* Alignment with other stakeholders   ** Decision – making body   *** Strategy and process body

Abb. 4.3 EPC Governance Structure. (Quelle: http://www.europeanpaymentscouncil.eu/content.cfm?page=what_is_epc)

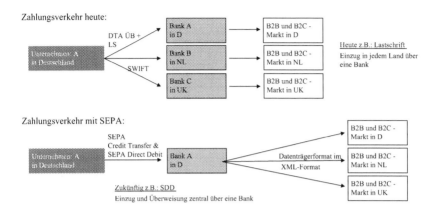

Abb. 4.4 Zahlungsverkehr für Unternehmen – ZV-Prozesse mit und ohne SEPA (Beispiel 1: Ein deutscher Konzern hat Tochtergesellschaften im Ausland, die alle bei dort ansässigen Kreditinstituten laufende Konten unterhalten und vor Ort den nationalen Zahlungsverkehr betreiben. Unter SEPA-Gesichtspunkten kann zukünftig die deutsche Konzernmutter zentral durch den Einsatz der SCT und SDD die Teilmärkte im europäischen Ausland über eine Bank bedienen Dies hat Auswirkungen auf die Anzahl der unterhaltenen Konten und auf die Liquiditätssteuerung der Firma sowie Bündelung der Inhouse-Prozesse. Beispiel 2: Eine Privatperson hat ein Haus in den Niederlanden. Für die Begleichung der öffentlichen Abgaben, Steuer, Telefon etc. wird ein lokales Konto unterhalten. Zukünftig kann diese Kontoverbindung aufgegeben und den im Ausland ansässigen Lastschrifteinreichern eine Einzugsermächtigung (Mandat) über ein in Deutschland geführtes Kontokorrentkonto erteilt werden. Ersparnisse sind u. a. der Abstimmungs-/ Kontrollaufwand der Auszüge, die entsprechende Liquiditätsvorsorge und Bankgebühren.). (Quelle: Eigene Darstellung)

Ablauf einer SEPA Überweisung

1. Der Zahlende (Originator) füllt einen Überweisungsauftrag aus und leitet ihn an seine Bank (Originator Bank) weiter.
2. Die Bank des Zahlenden prüft den Überweisungsträger und lehnt ggf. fehlerhafte Überweisungen ab. Das Konto des Zahlenden wird belastet.
3. Der Überweisungsauftrag wird an den Clearing and Settlement Mechanism (CSM) weitergeleitet.
4. Der CSM leitet die Überweisungsnachricht an die Bank des Zahlungsempfängers (Beneficiary Bank) weiter und erledigt das Settlement.
5. Die Bank des Zahlungsempfängers erhält die Überweisungsnachricht, prüft sie und schreibt den Betrag dem Konto des Zahlungsempfängers (Beneficiary) gut.

SEPA Credit Transfer Scheme Model

- Zahlender (Aussteller) — Grundgeschäft — Zahlungsempfänger
- 1. Überweisungsauftrag
- 2. Belastung des Kontos des Zahlenden
- 5. Gutschrift auf das Konto des Zahlungsempfängers
- Kreditinstitut des Zahlungen
- Kreditinstitut des Zahlungsempfängers
- 3. Überweisungsnachricht
- 4. Überweisungsnachricht
- Clearing and Settlement Mechanisms (CMSs)

Abb. 4.5 Prozessmodell SEPA Credit Transfer. (Quelle: Eigene Darstellung in Anlehnung an (European Payment Council 2009, S. 16))

Ablauf einer SEPA Lastschrift

1. Der Schuldner (Debtor) autorisiert den Gläubiger (Creditor) per Mandat zur Initiierung der Lastschrift. Das Mandat kann sowohl papierhaft als auch in elektronischer Form erteilt werden
2. Vor Initiierung der Lastschrift muss der Gläubiger eine Voranzeige, z.B. in Form einer Rechnung, an den Schuldner schicken, sofern nichts anderes vereinbart wurde.
3. Das Mandat muss vom Gläubiger für die Dauer seine Gültigkeit aufbewahrt bzw. gespeichert werden. Die mandatsrelevanten Daten werden vom Gläubiger zusammen mit der Collection in elektronischer Form an seine Bank übermittelt. Zudem gilt: Für eine Erst- bzw. Einmallastschrift muss die Transaktion mindestens fünf Tage vor Belastung des Lastschriftschuldners bei der ersten Inkassostelle eingereicht werden. Bei wiederkehrenden Lastschriften verkürzt sich die Mindestvorlaufzeit auf zwei Tage.
4. Unter Beachtung der Fristen werden von der Kreditorbank über das CSM die Lastschriftendaten an die Debitorbank übermittelt...
5. ...diese belastet das Konto des Schuldners
6. ...die Bank des Gläubigers (Creditor Bank) erhält eine Interbankennachricht und ...
7. ... schreibt den Betrag dem Konto des Gläubigers gut.

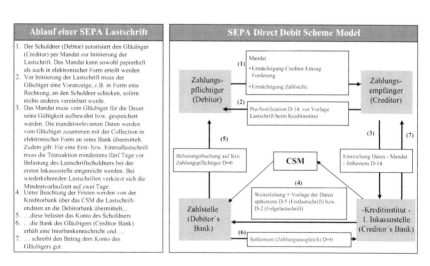

Abb. 4.6 Prozessmodell SEPA Direct Debit – Basisvariante. (Quelle: Eigene Darstellung in Anlehnung an (European Payment Council 2009, S. 18; Koch, Weiß 2006))

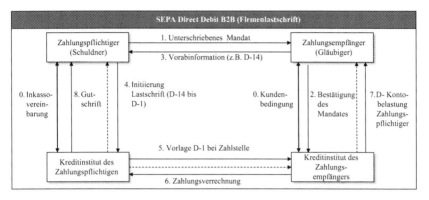

Abb. 4.7 Prozessmodell SEPA Direct Debit – Firmenlastschrift. (Quelle: Eigene Darstellung in Anlehnung an (Deutscher Sparkassen- und Giroverband 2011))

Bezeichnung	Inhalt/Grund für Rückläufer
Reject	Lastschriften, die vom normalen Prozessablauf aus folgenden Gründen abweichen, da z.b. ein falsches Format oder IBAN Prüfsumme vorliegen - festgestellt von Creditor Bank oder der Zahlungspflichtige im Voraus darum gebeten hat, die fragliche Lastschrift nicht auszuführen.
Refusal	Refusal erfolgt vor dem Interbank-Settlement und wird vom Zahlungspflichtigen initiiert, z.b. direkt durch den Debitor, wenn dieser durch die „pre-notification" von der Lastschrift erfährt.
Revocation & Request for cancellation	Rückruf vor der Akzeptanz des Zahlungsauftrages durch die erste Inkassostelle, auf Grund bilateraler Vereinbarungen bzw. Übereinkunft
Return	Lastschriften, die vom normalen Prozessablauf aus technischen Gründen abweichen, da z.b. das Konto mangels Deckung oder wegen Tod des Kontoinhabers geschlossen ist oder weil das Konto keine SEPA Lastschriften akzeptiert.
Refund	Forderungen des Zahlungspflichtigen auf Erstattung eines bereits belasteten Betrages, nach Belastung des Kontos auf Grund z.b. einer fehlenden Mandatsautorisierung
Reversal	Allgemeiner Rückruf durch den Kreditor, Lastschrift nicht durchzuführen. Die Lastschrift-einreichung ist nach Akzeptanz durch die erste Inkassostelle spätestens jedoch zwei Tage nach Settlement möglich. Die finale Entscheidung über Reversal liegt beim Kreditor.

☐ Vor Settlement   ☐ Nach Settlement

Abb. 4.8 Die „R" der SEPA Rückläufer. (Quelle: Eigene Darstellung in Anlehnung an (European Payment Council 1/11/2010a, S. 29 f.))

Literatur

Abele, Hanns, Ulrich Berger, und Guido Schäfer. 2007. *Kartenzahlungen im Euro-Zahlungsraum. Mit 39 Tabellen*. Heidelberg: Physica.

Avădanei, Andreea. 2010. Single Euro payment area and its implications on the European small and medium-sized enterprises. University of Iași (I. (3) 2010I), S. 60–66.

Bankenverband. 2009. SEPA: Einheitliche Zahlungsinstrumenten für Europa. Daten, Fakten, Argumente 3., aktualisierte Auflage, S. 1–51.

Baumgarth, Carsten P. D. 2004. Erfolgsfarktoren des Co-Branding. In *Co-Branding. Welche Potentiale bietet Co-Branding für das Markenmanagement?; Dokumentation des Workshops vom 27. Mai 2004. With assistance of K. Prof. Backhaus, J. Prof. Becker*, Hrsg. Meffert Heribert, 7–20. Münster: Wiss. Ges. für Marketing und Unternehmensführung (Dokumentationspapier/Wissenschaftliche Gesellschaft für Marketing und Unternehmensführung e. V., Nr. 177).

Bergman, Mats. 2007. The costs of paying – private and social costs of cash and card. Sveriges Riksbank Working Paper Series (No. 212), S. 1–27.

Blackett, Tom, und Nick Russell. 1999. What is co-branding? In *Co-branding. The science of alliance*, Hrsg. Tom Blackett und Bob Boad, 1–21. Hampshire: Macmillan Business.

Bollen, Rhys. 2007. European regulation of payment services – The story so far. *Journal of Banking and Finance Law and Practice* 18:167–210.

Bowles, Sharon. 2008. Creating the payment service directive for SEPA. In *The future of finance after SEPA*, Hrsg. Chris Skinner, 65–67. Chichester: Wiley.

Braatz, Frank, und Ulrich Brinker. 2010a. MasterCard: Neue Interchange-Sätze. MIF. In *Source Informationsdienst. Zahlen, Fakten, Hintergründe für Karten-Experten*, Hrsg. Frank Braatz und Ulrich Brinker, 3. Bd. 04. Zum 15. eines jeden Monats. Hamburg: B + B publish (Source Informationsdienst).

Braatz, Frank, und Ulrich Brinker. 2012b. Source Informationsdienst. Zahlen, Fakten, Hintergründe für Karten-Experten. B + B Redaktionsbüro. Zum 15. eines jeden Monats. Hamburg: B + B publish (Source Informationsdienst).

Brits, Hans. 2005. *Payments are no free lunch. August 2005*. Amsterdam: De Nederlandsche Bank.

Capgemini. 2007. SEPA: Potential benefits at stake SEPA: p at stake. Researching the impact of SEPA on the payments market and its stakeholders. With assistance of Capgemini's Payment experts. Edited by Capgemini.

S. Huch, *Der einheitliche EU-Zahlungsverkehr, essentials*,
DOI 10.1007/978-3-658-06202-6, © Springer Fachmedien Wiesbaden 2014

Capgemini. 2011. Capgemini Analysis. Projektergebnisse. Zusammenfassung von Inhalten und Ergebnissen aus Projekten im Zahlungsverkehr. With assistance of Stefan Huch, Martina Weimert, Thierry Morin, Imke Hahn. Edited by Stefan Huch. Capgemini Consulting. Frankfurt a. M.

Capgemini. 2014. Capgemini Analysis. Projektergebnisse. Zusammenfassung von Inhalten und Ergebnissen aus Projekten im Zahlungsverkehr. With assistance of Stefan Huch, Martina Weimert, Thierry Morin, Imke Hahn. Edited by Stefan Huch. Capgemini Consulting. Frankfurt a. M.

Capgemini, RBS, und EFMA. 2011. World payment report. 7. Aufl. With assistance of Jean Lassignardie, Scott Barton, Patrick Desmarès. Edited by Capgemini, RBS, EFMA. Frankfurt a. M. (World Payment Report, 7).

Chaplin, John. 2009. Single Euro Payments Area: Is Europe's card business making the major changes that were widely predicted or is the whole initiative going flat? *Journal of Payments Strategy & Systems* 3 Number 1 (1750–1806), S. 17–23.

EPC. 2010. Shortcut to SEPA Cards Standardisation. SEPA. Take Payments into the next Level (1.0), S. 1–2. Payments and Withdrawals with Cards in SEPA: Applicable Standards and Certification Process, 15/12/2010: SEPA Cards Standardisation (SCS) „Volume" Book of Requirements. http://www.europeanpaymentscouncil.eu/content.cfm?page= sepa_vision_for_cards.

Esch, Franz-Rudolf. 2008. *Strategie und Technik der Markenführung. 5., vollst. überarb. u. erw.* München: Vahlen.

Europäisches Parlament. 14. Feb. 2012. Grenzüberschreitende Zahlungen. Grenzüberschreitende Zahlungen sollen einfacher und schneller werden. http://www.europarl.de/ view/de/Aktuell/pr-2012/Aktuell-2012-Februar/Februar-7.html;jsessionid=4136198CF 194839F17C9463C767D52CB.

Europäisches Parlament, und Rat der Europäischen Union. 14. Feb. 1997. Richtlinie 97/5/EG des Europäischen Parlaments und des Rates vom 27. Januar 1997 über grenzüberschreitende Überweisungen, Richtlinie 97/5/EG. Source: Amtsblatt Nr. L 043. Amtsblatt der Europäischen Union.

Europäisches Parlament, und Rat der Europäischen Union. 12. Aug. 2006. Verordnung (EG) Nr. 1781/2006 des Europäischen Parlaments und des Rates vom 15. November 2006 über die Übermittlung von Angaben zum Auftraggeber bei Geldtransfers (Text von Bedeutung für den EWR), (EG) Nr. 1781/2006. Source: EUR-Lex. Amtsblatt der Europäischen Union.

Europäisches Parlament, und Rat der Europäischen Union. 13. Nov. 2007. Richtline 2007/64/EG des Europäischen Parlaments und des Rates (13/11/2007) über Zahlungsdienste im Binnenmarkt, zur Änderung der Richtlinien 97/7/EG, 2002/65/EG, 2005/60/EG und 2006/48/EG sowie zur Aufhebung der Richtlinie 97/5/EG, Payment Service Directive, revised 5/12/2007. Amtsblatt der Europäischen Union.

Europäisches Parlament, und Rat der Europäischen Union. 9. Okt. 2009. Verordnung (EG) Nr. 924/2009 des Europäischen Parlamentes und des Rates vom 16. September 2009 über grenzüberschreitende Zahlungen in der Gemeinschaft und zur Aufhebung der Verordnung (EG) Nr. 2560/2001, EU-Preisverordnung, revised 16/09/2009. Amtsblatt der Europäischen Union.

Europäisches Parlament, und Rat der Europäischen Union. 14. Marz. 2012a. Regulation (EU) No 260/2012 of the European Parliament and of the Council of 14 March 2012 establishing technical and business requirements for credit transfers and direct debits in euro and amending Regulation (EC) No 924/2009 Text with EEA relevance, No 260/2012. Source:

EUR-Lex. Amtsblatt der Europäischen Union. http://eur-lex.europa.eu/LexUriServ/
LexUriServ.do?uri=CELEX:32012R0260:EN:NOT.

Europäisches Parlament, und Rat der Europäischen Union. 30. Marz. 2012b. Verordnung (EU) Nr. 260/2012 des Europäischen Parlamentes und des Rates vom 14. März
2012 zur Festlegung der technischen Vorschriften und der Geschäftsanforderungen für
Überweisungen und Lastschriften in Euro und zur Änderung der Verordnung (EG) Nr.
924/2009, (EU) Nr. 260/2012. Amtsblatt der Europäischen Union. http://eur-lex.europa.
eu/LexUriServ/LexUriServ.do?uri=OJ:L:2012:094:0022:0037:DE:PDF.

Europäisches Parlament, und Rat der Europäischen Union. 09. Jan. 2014. Veränderung der
Verordnung (EU) Nr. 260/2012 des Europäischen Parlamentes und des Rates vom 14.
März 2012 zur Festlegung der technischen Vorschriften und der Geschäftsanforderungen
für Überweisungen und Lastschriften in Euro und zur Änderung der Verordnung (EG)
Nr. 924/2009, (EU) Nr. 260/2012.

European Central Bank. 2004. Third Progress Report. Torwards a Single Euro Payments
Area. Annual SEPA Progress Report (3), S. 1–51.

European Central Bank. 2006a. Fourth SEPA Progress Report. Towards a Single Euro
Payments Area – Objectives and Deadlines. Annual SEPA Progress Report (4), S. 1–22.

European Central Bank. 2006b. Der Standpunkt des Eurosystems zu einem „Sepa für Karten".
SEPA. Edited by ECB. ECB.

European Central Bank. 2007. Fifth Progress Report. Towards a Single Euro Payments Area.
Annual SEPA Progress Report (5), S. 1–35.

European Central Bank. 2008. Sixth Progress Report. Single Euro Payments Area. Annual
SEPA Progress Report (6), S. 1–49.

European Central Bank. 2009. Die Erwartungen des Eurosystems in Bezug auf SEPA. SEPA.
Edited by European Central Bank. European Central Bank. Frankfurt a. M.

European Central Bank. 5. Mai. 2010. SEPA for cards: more than a symbol of SEPA's
success. Speech by Gertrude Tumpel-Gugerell, Member of the Executive Board of the
ECB, at the Monnet Symposium organised by The Monnet Project,. Madrid. European
Central Bank; Abteilung Presse, http://www.ecb.europa.eu. http://www.ecb.int/press/
key/date/2010/html/sp100505.en.html.

European Central Bank. 2010a. A single currency – An integrated market infrastructure. The
central banking system of the Euro Area, S. 1–27.

European Central Bank. 2010b. Der Einheitliche EURO-Zahlungsverkehrsraum (SEPA). Ein
Integrierter Markt Für Massenzahlungen. http://europa.eu/rapid/pressReleasesAction.
do?reference=IP/10/1732&format=HTML&aged=0&language=DE&guiLanguage=en.

European Central Bank. 2010c. Sevens Progress Report Beyond Theory into Practice. Single
Euro Payments Area. Annual SEPA Progress Report 7, S. 1–52.

European Central Bank. 2014. PAYMENTS STATISTICS vom 23 August 2013; http://sdw.
ecb.europa.eu/reports.do?node=100000760_ALLPDF.

European Commission. 2005. Commissin Staff Working Document_Annex to the proposal
for a Directive of the European Parliament and of the Council on Payment Services in the
Internal Market. Impact Assessment. SEC (2005) 1535. C6-0411/05. Edited by European
Commission. European Commission. Brussels (Commission Staff Working Document).

European Commission. 2006. Interim Report I Payment Cards. Sector Inquiry under
Article 17 Regulation 1/2003 on retail banking. Edited by European Commission
Competition DG. European Commission Competition DG Financial Services (Banking
and Insurance). Brussels.

European Commission. 2007. Report on the retail banking sector inquiry. Commission Staff Working Document accompanying the Communication from the Commission – Sector Inquiry under Art 17 of Regulation 1/2003 on retail banking (Final Report) [COM (2007) 33 final]. Commission Staff Working Document. Edited by European Commission. European Commission. Brussels (SEC (2007) 106).

European Commission. 28. Jan. 2008a. Joint statement by the European Commission and the European Central Bank welcoming the formal launch of SEPA payment instruments by EU banks. (MEMO/08/51+MEMO/08/52). Brussels. European Commission. http://europa.eu/rapid/pressReleasesAction.do?reference=IP/08/98&format=HTML& aged=0&language=EN&guiLanguage=en.

European Commission. 28. Jan. 2008b. Single Euro Payments Area (SEPA): Commission publishes major cost-benefit study. Reference: MEMO/08/52. Brussels. http://europa. eu/rapid/pressReleasesAction.do?reference=MEMO/08/52&format=HTML&aged=0& language=EN&guiLanguage=en.

European Commission. 2009b. SECOND ANNUAL PROGRESS REPORT ON THE STATE OF SEPA MIGRATION IN 2009. SEPA, S. 1–21.

European Commission. 2010b. Verordnung des Euopäischen Parlamentes und des Rates zur Festlegung der technischen Vorschriften für Überweisungen und Lastschriften in Euro und zur Änderung der Verordnung (EG) Nr. 924/2009. Brussels (KOM (2010) 775 endgültig).

European Commission. 2012a. GREEN PAPER. Towards an integrated European market for card, internet and mobile payments. KOM (2011) 941 endgültig. With assistance of European Commission. Edited by European Commission. European Commission. Brussels.

European Commission. 21. Marz. 2012b. Zahlungsdienste. http://ec.europa.eu/internal_ market/payments/index_de.htm. Zugegriffen: 21. März 2012.

European Commission. 21. Marz. 2012c. Zahlungsdienste. http://ec.europa.eu/internal_ market/payments/index_de.htm. Zugegriffen: 21. März 2012.

European Payment Council. 2005. EPC Roadmap 2004–2010. SEPA. Edited by European Payment Council. http://www.europeanpaymentscouncil.eu/knowledge_bank_detail.cfm? documents_id=19.

European Payment Council. 2009a. Making SEPA a Reality. SEPA. Edited by European Payment Council. European Pamyment Council (AISBL). Brussels (Version 3.0).

European Payment Council. 18. Dez. 2009b. SEPA Cards Framework. SCF, revised Version 2.1. Source: European Payment Council, S. 1–27. http://www.europeanpaymentscouncil. eu/content.cfm?page=sepa_vision_for_cards.

European Payment Council. 18th 2010. White Paper Mobile Payments 1st edition. EPC 492-09. 2.0th ed. Edited by European Payment Council. European Payments Council. Brussels (2).

European Payment Council. 1. Nov. 2010a. SEPA core direct debit scheme rulebook. SCT rulebook, revised 4.1. Source: European Payment Council. http://www. europeanpaymentscouncil.eu/.

European Payment Council. 1. Nov. 2010b. SEPA credit transfer scheme rulebook. SCT rulebook, revised 4.1. Source: European Payment Council. http://www. europeanpaymentscouncil.eu/.

European Payment Council. 2013a. Proposal for a Regulation of the European Parliament and the Council on Interchange Fee on card based payment transactions. Brussels Com (2013) 550/3, 2013/0625 COD.

European Payment Council. 2013b. Proposal for a Directive of the European Parliament and the Council on payment services in the internal market and amending Directive 2002/65/EC, 2013/36/EU and 2009/110/EC and repealing Directive 2007/64/EC. Brussels Com (2013) 547/3, 2013/0624 COD.

Giudice, Elisabeth-M. 2011. Co-Branding. Starke Marke sucht Partner. 1. Aufl. Marburg: Tectum.

Guibourg, Gabriella, und Björn Segendorf. 2004. Do prices reflect costs? A study of the price- and cost structure of retail payment services in the Swedish banking sector 2002. Sveriges Riksbank Working Paper Series 2002 (no. 172), S. 1–21.

Hartmann, Monika E. 2006. E-payments evolution. In Handbuch E-Money, E-Payment & M-Payment. Mit 121 Abbildungen und 18 Tabellen. With assistance of Thomas Lammer, Hrsg. Thomas Lammer, 7–18. Heidelberg: Physica.

Huch, Stefan. 2013. Die Transformation des europäischen Kartengeschäfts- Inhalte und Auswirkungen der europäischen Liberalisierung und Harmonisierung des Zahlungsverkehrs basierend auf der PSD und SEPA der Europäischen Union im Kartengeschäft. Stuttgart: Springer.

Humphrey, David. 2003. What does it cost to make a payment? Review of Network Economics 2 (2): 159–174.

Humphrey, David B. 2006. Benefits from a changing payment technology in European banking. Journal of Banking & Finance 30 (6): 1631–1652.

Kern, Steffen. 2002. EU-Finanzmarkt Spezial. With assistance of Sabine Kaiser. Edited by Deutsche Bank Research. Frankfurt a. M. (Deutsche Bank Research, 249).

Kokkola, Tom. 2010. The payment system. Payments, securities and derivatives, and the role of the eurosystem. With assistance of European Central Bank. Frankfurt a. M.: European Central Bank. http://www.worldcat.org/oclc/686606450.

Kubis-Labiak, Barbara. 2004. The European cards and payments market outlook. Securing profit under competitive threat. Edited by Datamonitor. Datamonitor (Business Insights).

Lammer, Thomas, Hrsg. 2006. Handbuch E-Money, E-Payment & M-Payment. (Mit 121 Abbildungen und 18 Tabellen. With assistance of Thomas Lammer). Heidelberg: Springer (Physica-Verlag).

Lycklama, Douwe, und Chiel Liezenberg. 2010. Online payments 2010. Increasingly a global game. With assistance of Remco Boer, Cassandra Hensen, Adriana Screpnic. Version 1.0: Innopay.

Mai, Heike. 2005. Zahlungsverkehr EU-weit: Die Grundlagen müssen stimmen. Edited by Deutsche Bank Research. Frankfurt a. M. (Deutsche Bank Research).

Mai, Heike. 21. Arpil. 2009. SEPA: Zahlungsverkehr im Umbruch. Edited by Deutsche Bank Research. Deutsche Bank. Frankfurt a. M.

Mai, Heike, und Thomas Meyer. 2010. E-Invoicing Krönung einer effizienten Rechnungsbearbeitung. Economics 76. With assistance of Antje Stobbe, Sabine Kaiser. Edited by Deutsche Bank Research. Deutsche Bank. Frankfurt a. M. (Deutsche Bank Research).

Norges Bank. 2010. Annual report on payment systems 2009. A review. With assistance of Svein Gjedrem. Edited by Norges Bank. Norges Bank. Oslo (Annual Report).

Pfaffenberger, Kay. 2008. Debit- und Kreditkarten in Deutschland: Bringt SEPA ein Wende am Kartenmarkt. In *Innovative Strategien für Finanzdienstleister. Den Wandel gestalten; Festschrift aus Anlass des 10-jährigen Bestehens des IFD*, Hrsg. Joachim Prätsch, 169–189. Achim: Beste Zeiten Verlag-Ges.

Rambure, Dominique, und Alec Nacamuli. 2008. *Payment systems. From the salt mines to the board room*. Basingstoke: Macmillan. http://www.worldcat.org/oclc/319175127.

Skinner, Chris, Hrsg. 2008. *The future of finance after SEPA*. Chichester: Wiley. http://catdir. loc.gov/catdir/enhancements/fy0827/2008007636-b.html.

Stockhausen, Lothar. 2008. Die Auswirkungen von Payment Service Directive und SEPA auf das Kartengeschäft. Handelsblatt Financial Training Zahlungsverkehrsrecht. Commerzbank AG. Munich, 11/04/2008.

The Berlin Group. 2011. Bilateral and multilateral processing of international transactions in Europe. SEPA Card Clearing (SCC) – Clearing of card transactions via the SEPA clearing infrastructure. An Introduction to SCC Version 1.0 (1.6), S. 1–14.

VÖB. 2007. Single Euro Payments Area (SEPA). – €uropa grenzenlos –.

VÖB. 2008. Der Übergang vom nationalen zum europäischen Zahlungsverkehr. SEPA.

VÖB. 2010. SEPA – das Ende vom Anfang in Sicht?

VÖB. 2011. SEPA card clearing framework. Zahlungsverkehr. With assistance of Claudia MacGregor. *VÖB Newsletter* Februar 2011: VÖB, S. 1–4.

Wandhöfer, Ruth. 2010. *EU Payments integration. The tale of SEPA PSD and other milestones along the road. 1. publ.* Houndmills: Palgrave Macmillan.

Zentraler Kreditausschuss/12/04/2006:Branchenuntersuchung „Zahlungskarten". Stellungnahme an die EC. Berlin. Arnoldt, Ralf-Chrstoph; Hommel, Oliver, Schellingstraße 4.